关乎天下 3

创业者从起步到成功的关键

关明生 著

图书在版编目（CIP）数据

关乎天下. 3，创业者从起步到成功的关键 / 关明生著. -- 北京：中信出版社，2025.4. -- ISBN 978-7-5217-7464-1

Ⅰ. F279.243

中国国家版本馆 CIP 数据核字第 2025218VA3 号

关乎天下 3——创业者从起步到成功的关键
著者： 关明生
出版发行：中信出版集团股份有限公司
（北京市朝阳区东三环北路 27 号嘉铭中心　邮编　100020）
承印者： 河北鹏润印刷有限公司

开本：880mm×1230mm　1/32　印张：6　　字数：85 千字
版次：2025 年 4 月第 1 版　　印次：2025 年 4 月第 1 次印刷
书号：ISBN 978-7-5217-7464-1
定价：48.00 元

版权所有·侵权必究
如有印刷、装订问题，本公司负责调换。
服务热线：400-600-8099
投稿邮箱：author@citicpub.com

目录

序 5
阅读建议 / 秦俐 9

第一章·探索篇
无忘初心，步步为"赢"

创业的起点：你为谁解决什么大的问题 003
验证经济模式：客户是否会为你的产品付费 014
蹚通商业模式：客户是否会持续付费，你能不能持续赚钱 020
小结 029

第二章·系统篇
从一个胜利走向另一个胜利，规模化需要系统的支持

系统如何设计 037
    销售系统 040
    财务系统 045

人力资源系统 046
　　组织结构的改变 051
规模化的误区和诱惑 054
规模化的盲区：服务于客户利益最大化，还是服务于系统？ 059
小结 064

第三章·企业文化篇
降低管理成本的秘诀

企业文化不是道德观念，而是游戏规则 068
初创企业文化建设的误区 080
　　误区之一：只有情怀，没有文化 081
　　误区之二：有文化，但没有分享给团队 083
　　误区之三：没有把文化变成行为 084
　　误区之四：没有把行为变成绩效考核指标 088
小结 091

第四章·机遇应对篇
潮起潮落，弄潮儿勇立潮头

曾经：抓住时代红利和塑造自己的价值红利 097
当下：退潮之时的真相 101
未来：严峻环境下的深耕和创新 103

浅谈品牌：穿越周期的抓手 108

危机应对要点 115

  首先，活下去 115

  同时，聚焦关键 117

  此一时彼一时，理性对待融资 118

  务必，开诚布公地与团队沟通 120

  最终，定一个切实可行、人人都能贡献的目标 124

小结 127

第五章 · 个人修养篇
人间正道是沧桑

"玩命" vs "玩票" 131

也谈 S 曲线理论 135

不同类型创业者的修炼 142

  专家型创业者：做难而正确的事，而不是容易有成就感的事 144

  机会型创业者：不要迷失在短平快的"生意经"里 154

  经验型创业者：放下履历和身段，敢于从低处开始 155

  另类的创业者：天生的老板 157

传承 vs 继承 163

始终牢记企业家的社会责任 168

小结 173

结语：领袖是寂寞的 175

序

从《关乎天下》到《关乎天下2》,这两本书的出版,承蒙众多读者的厚爱。现在也写好了《关乎天下3》这本书。

《关乎天下》是把我在阿里巴巴创业初期,有幸参与的故事和过程写下来,跟众多对这方面有兴趣的读者分享。而《关乎天下2》是缘于我过去多年继续跟各位中小企老板接触,感受到他们很累,进而有感而发为他们写下的一本书,也兑现了一项对他们的承诺。从《关乎天下》到《关乎天下2》相隔了好多年。其间不少与我相识的中小企老板不时提醒我:"你承诺的那本书,什么时候兑现?"在这里十分感谢中信出版集团,不光是帮助我出版了《关乎天下2》，还非常仗义地帮我把《关乎天下》再版，并推广给广大读者。

《关乎天下2》的目标读者是我当年在阿里巴巴相熟的出口型中小企的老板们，他们都在中国工厂崛起的初期，乘着国家全面下放进出口权的东风，下海去参加OEM、ODM[①]的奋斗，而且做得非常成功，也是助力中国成为"世界工厂"的先驱者，在生产供应链这个方面，做到极致，可谓非常优秀。

而《关乎天下3》这本书，是为新世代的创业者写的。他们"无中生有"，利用时代的机遇和科技发展的潮流，建立了一个又一个具有中国色彩的巨无霸企业，包括电子商务、社交网

[①] OEM（Original Equipment Manufacturer）是指原始设备制造商，即根据客户的设计和规格要求生产产品的制造商。OEM厂商不参与产品的设计和开发，仅负责按照客户提供的图纸、技术标准或样品进行生产。客户拥有产品的知识产权和品牌所有权，OEM厂商只负责制造环节。
ODM（Original Design Manufacturer）是指原始设计制造商，即不仅负责产品的生产，还参与产品的设计、开发和创新。ODM厂商通常会提供完整的产品解决方案，客户可以选择直接贴牌销售。ODM厂商拥有产品的设计和知识产权，客户只需选择符合自己需求的设计方案即可。
OEM和ODM的主要区别在于设计与知识产权的归属。OEM强调"制造"，客户主导设计；ODM强调"设计+制造"，厂商主导设计。

站、搜索引擎、全面网上服务、自媒体短视频等领域走在行业前沿的高质量、高科技企业。

我有幸参与了阿里巴巴前期创业时代的奋斗，后来也花了20年辅导了国内不少初创企业的创始人和他们的团队。所以希望把我的经验给各位读者分享。更希望未来的创业者可以看到巨大的中国市场，未来的高科技、高质量发展的机会，而且很多这样的机会就在我们家门口出现。在本书即将付梓的2025年初，DeepSeek（深度求索）横空出世，中国人工智能产业的风起云涌和各行各业因此将要产生的创新和创业，更加值得世人期待！希望创业者可以抓紧这些机遇，为国家的发展出一份力，为社会做出回报。

Savio 关明生

2025年3月

阅读建议

秦俐

淘课集团 CEO

给"关乎天下"系列写"阅读建议"已经到了第三本,非常荣幸。每次读关先生的书都有"他就坐在你面前,满含笑意娓娓道来"的感觉——有生动的故事、俏皮的比喻、隽永的道理。

所以,阅读建议的第一条就是,请大家不要辜负这份亲切和生动,可以先快速通读一遍,从其中很多的经验、误区、化解技巧中,你都能找到属于自己的场景,有很强的代入感。然后,回到总目录,梳理一遍轮廓,再开始细细阅读,甚至可以与朋友一起展开讨论。

《关乎天下3——创业者从起步到成功的关键》是一本写给新世代创业者的书。所谓创业者，既代表了一种身份，也代表了一种始终无忘初心的奋斗状态。我们平日里所说的狭义的创业者，似乎主要指从无到有创造经济实体的那些天才或"怪咖"，一旦小有所成，似乎就不能再叫"创业者"，就要成为"老板"了。这实在是一种误解。在本书成稿的访谈阶段，关先生的团队访问了若干白手起家的创业者，其中不乏已经是行业领袖和"大老板"的，他们无一不珍视"创业者"这个称呼，因为它不仅铭刻着来时路，更多在提醒自己当初为什么出发，要为谁服务，要如何利他和创造价值，如何持续利他和创造更大价值。

创业者，按照关先生的比喻，就是覆盖了从"起义"——起心动念，到"血肉长城"——经济模式的验证和商业模式的探索，再到"正规军"——系统化和规模化的全过程，以及在这个过程中经历反复和坎坷，打败仗，丢阵地，在挫折中反思和奋起，回归初心把握规律再去赢天下和赢自己的亲历者。

对于处于不同发展阶段的读者，阅读的侧重点应该有所不同。

对那些已经起心动念做起来，但还在艰难摸索，业务不稳定的创业者而言，可能需要重点关注第一章和第二章中关于验证经济模式、蹚通商业模式以及系统如何设计的内容，同时还要关注第三章中关于初创企业文化建设误区的内容，这方面恰恰是创始人建设"血肉长城"的精神指引。最近这几年，很多创业者甚至企业家，普遍感觉心力不足，追本溯源，除了我们的生意发展遭遇了一些不可抗力，初心的淡忘和有凝聚力的企业文化建设不足，也是重要原因。所以，在建设"血肉长城"的阶段，就应该关注起来。

对那些已经步入规模化，但是在当前经济周期之下遇到困难，需要"危"中寻"机"的创业者而言，第四章几乎就是一个帮你"应考过关的习题分析和错题本"，清晰梳理了"活下去——聚焦关键——理性对待融资——开诚布公地沟通——定一个切实可行、人人都能贡献的目标"这 5 个危机应对要点。同时，依然重点强调了"以终端客户需求为中心，不断深挖、不断细分、不断满足"的脚踏实地的创新方法。

前四章是对生意成长规律的深刻剖析和实用建议，第五章是对创业者个人修养及人生发展的探讨，讲"创业是'玩命'，不是'玩票'"。从创业者个人特质的角度，分析了几种类型创业者的优势和误区。"他山之石，可以攻玉"，读者们在他们的成功和失败、纠结和沉浮中，多多少少都会找到自己的影子，从而更好地解决自己的问题。

最后，非常建议大家在读完新书之后把《关乎天下》系列三本书再合起来通读一下：《关乎天下》讲中小企业赢的秘诀，阐述了企业经营管理的基本框架，并分享了阿里早年经营的故事，这本书就是一个企业经营的通识框架。《关乎天下2》主要是写给那些"心累"和"身累"的老板们，讲策略与领袖力的要诀，即如何明策略把握生意规律，如何通过他人拿结果，发展生意发展人，这本书对于生意已有所成，但是总感觉疲累，困惑于要不要继续"卷"，再上一层楼的经营者是直指要害的提醒。三本书合在一起，既有大局，又有各阶段的重点和细节，值得前后比对、贯通、温故知新。

即将到来的农历新年是乙巳蛇年，也是双春年，在中国的生肖文化当中,"蛇"代表了专注、机敏和洞察,也是财富和好运的象征。我们终于要迎来进步和破局的一年。开卷有益,希望大家能汲取一些创业先行者的智慧,找到属于自己的成功之道。

2025 年 1 月

第一章·探索篇
无忘初心,步步为"赢"

创业的起点：你为谁解决什么大的问题

什么是创业呢？这是个很有趣的问题。很多现代的例子都多见创业成功的故事，所以吸引力自然就比较大，但是创业不成功的远远比成功的来得多。可以问，这个就是创业的自然规律吗？是什么让一些人尽皆知的公司从很小的开始，变成了世界上所在行业内的领头羊？也问，是什么让很多企业在艰苦奋斗之后，最终却走向失败？

从我个人的经验，不仅参加过成功创业公司创业初期的奋斗，也辅导了不少初创企业，陪伴它们走过一段创业初期的征途，一路过来，有了一些体会。

我看创业,最关心的就是初心。

初心要如何理解呢?在我所接触的几百位创业者、创始人之中,可以说,每位创业者的起心动念,都各不相同。我采访了几位创业者,以下是他们描述各自初心的原话:

- 创业嘛,就是纯粹为了赚钱。
- 从小家里条件不太好,创业可以改变家里人贫穷的命运。
- 自己还是很能干的,是天之骄子。趁着年轻,为什么不大展拳脚?
- 自己有很擅长的专业,如果能让更多人受惠受益,就会特别满足与幸福。
- 那时有一颗不安分的心,想知道自己人生能够到多高。
- 想让自己能力变得更强,能帮助更多的人。

一位拥有近30年创业经历的成功创业者,在接受我采访的时候,谈到了自己当年的思考,他说他会问自己:

- 未来想成为什么样的人？
- 我有对所做事业的热爱吗？
- 我的能力和擅长的沉淀在哪里？

这位创业者的初心是：通过创建有意义的企业，来实现个人价值的最大化。他的目标不仅仅是盈利，还希望通过自己的努力，创造出能够长久服务于社会的产品或服务。

还有一位创业者谈道，他在外企工作时有一次经受了老外上司的灵魂拷问："Who're you? Where do you want to go?"（你是谁？你要去哪里？）他一时张口结舌，他从来没有思考过，也找不到答案。他由此意识到，很多像他这样的年轻人，似乎都不"认识"自己，进而意识到中国的基础教育在个性化培养方面的缺失，从而想为此奋斗做点事情，这就成了他创业的初心。

我相信此刻正在阅读这本书的你，可能也有过类似的自我拷问，也在想：我创业的初心是什么？

初心就是你创业的使命。也就是说,你创业的目的一定是为谁解决什么问题。比如说,阿里巴巴的使命就是:让天下没有难做的生意。很简短的一句话,就把"为谁解决什么问题"很清楚地描述出来了。所以说,阿里巴巴的目标客户就是生意人。而阿里巴巴提供的就是帮助生意人解决他们做生意的问题。也就是说,阿里巴巴的价值主张就是帮助生意人解决营商问题。

当然,每一个创业者都有他的初心,但并不是每一个创业者都能把这个初心说得很清楚、很明白。这样子,也让他们在创业的路途上,碰到或多或少的问题。

我记得,我刚从阿里一线退下来的时候,我的一位朋友请我帮他一个忙,辅导他从美国学成归来的儿子和儿媳创业。这两位年轻人热情澎湃,觉得他们可以用在国外留学的经验去大干一场并成功创业。他们两位思想非常活跃,有很多主意都希望去尝试。但是在我看来,这些主意都比较不接地气,并没有很显著的用途。很多主意只是他们两位年轻人天马行空的幻想。其中包括教新儿媳妇如何跟婆婆更好地相处等等,听上去是不错的想法，但深度调研之后，发现并不一定是好的创业机会。几个月时间里，他们不断地有新想法，我就不停地对他们的新想法进行提问。慢慢地，这对年轻夫妇终于明白，创业可不是他们想象中的那么简单。光靠一腔热情，并不足够让他们走上创业成功之路。我常说，创业不是"玩票"，真正做起事情来，那可是"玩命"。他们的父母也非常庆幸我的辅导让这对年轻人意识到了这一点，也省去了父母可能要提供的种子资金。

在目前的市场上，也有不少基于个人情怀和爱好创业成功的例子。当然，其中也有很多"革命尚未成功，同志仍须努力"的情况。

我有接触一位年轻创业者，她是国内颇有名气的艺术家及环保倡导者，她所创立的品牌致力于保护和传承中国传统手工艺，倡导简朴、节制的生活方式，并通过手工制作的服装和其他生活用品，传达对传统文化的尊重和对现代文明的反思。品牌强调手工制作的稀有性和情感价值，反对过度消费，提倡珍惜手工制品的情感表达。她所有的产品都是纯天然环保型的，而且是纯手工制作，包括服装、手工艺品等。但目前她的经营状况并不好，有几十个员工，勉强收支平衡，也还未有盈利。

也有一些创业的例子，是需求空间比较小，但比较聚焦的。在中国加入WTO（世界贸易组织）之后，有大量的《财富》世界500强公司纷纷到中国投资并建立分公司。因为对中国的法规不甚了解，特别对财务、税务、法务的合规要求调整和变化的解读有需求。有一位创业者看到了这个机会，他引进了一些权威人士和专家，定期为这些《财富》世界500强公司的财务/税务/法务高管，以会员制社群的形式，提供最新政策的解读和最佳实践分享。

但是，这种创业机会发展空间不大，而且随着时间推移，国内的政策调整透明度越来越高，他的企业增长空间有限。当时这位创业者也说，他们在中国的《财富》世界500强公司中市占率已经超过80%。可发展很快会碰到天花板。

我有幸参与了阿里巴巴早期艰辛奋斗的过程，也经历了一些重要的里程碑事件，体会到一些创业成功的必备要素。

当时我来到阿里巴巴不到一个礼拜，我们4个"O"（CEO马云、COO我、CFO蔡崇信、CTO吴炯）[1]加上"十八罗汉"中的金建杭和彭蕾，一起在马云办公室外讨论阿里巴巴的使命。马云当时很清晰地说，就是"让天下没有难做的生意"，这个就是马云创立阿里巴巴的初心。也就是说，当时马云已经很清楚自己是要为生意人解决他们生意上的难题。我们是一个互联网公司，所以我们的工具就是当时还非常创新的互联网。最终成功发展了电子商务，颠覆了传统的商务模式，改变了一个时代的营商习惯。

当然，只有初心并不等于你就能帮助你的目标客户解决问题。提供价值主张是需要通过产品的。我们当年有好几个产品，包括：大型的网站建设、网络广告、网页寄存，还有一个就是专门帮助中小企出口的"中国供应商"。这些产品当时都在各自发展，也没有重点聚焦的，有点在个别尝试的感觉。

但是，我们3个"O"（马云、蔡崇信和我），在成功降低烧钱

---

[1] CEO即首席执行官，COO即首席运营官，CFO即首席财务官，CTO即首席技术官。——编者注

率和给董事局报告之后,开了一个一整天的闭门会议,去讨论公司的产品定位问题,考虑到当时的营商环境,我们很快就撤掉了大型的网站建设和网络广告这两个产品(在当时的环境里,这两项业务的推进很难避免回扣的问题,而这是我们不能接受的)。在网页寄存这个产品领域,因为恶性竞争激烈和大量的小本经营公司的参加,我们没有优势,最终也决定退出。最后,我们只剩下"中国供应商"这一个产品。

在面对出口型中小企的过程当中,也许那些难以接受的问题也会存在。但很庆幸的是,出口型中小企通常都不是大公司,而且大部分都是由夫妻拥有与经营。一下子,我们恍然大悟,了解到只要我们聚焦,只跟这些老板和老板娘打交道,就不会存在上述问题。所以,我们培训我们的直销团队,专攻出口型中小企的"老板和老板娘"。这也是业界所称的"阿里铁军"的由来。

讲到直销铁军,当时我们也有一些纠结。因为我们是一个互联网公司,理论上我们应该通过网上营销,利用互联网的优势去接触我们的客户。但是,因为当时互联网是非常新的东西,我们发现我们大部分的目标客户,就是这些老板和老板娘,都不会上网。所以我们让直销的同事们去上门拜访，解释互联网的威力，歪打正着地做了大量的前期教育市场的工作，为后来电子商务的高速发展，建立了稳固的基础。当然，买家都是国外商人，当时他们对互联网的应用已经上了轨道，他们首先要知道的是，这些中国供应商是否真实存在，因为我们直销上门拜访中小企老板才拿到订单，所以十分清晰地验证了他们的存在是无可置疑的。另外，他们也要知道这些中小企提供的产品是否符合他们的要求，而且物美价廉，产品品质可靠。通过多年的考验，这种商务的信任也逐步建立起来。

另外一个重要的因素就是，当时我们只剩下一个产品，所以全公司的力量都投入去发展和推广"中国供应商"。这种专注的机会，也让"中国供应商"这个产品高速发展，并帮我们在短短18个月之内实现代表收支平衡的"赚一块钱"的目标。

从决定押注在"中国供应商"这个产品之后，走向收支平衡之路也不是平坦的。因为，要让出口型中小企老板们信服还是需要时间的，有个过程。当时，我们的投资人注意力所在都是有没有现金流。还记得2001年1月，我们通过"杀人放火"把烧钱率从每个月接近200万美元,降低到每个月50万美元,从而为企业争取到了18个月的跑道。终于在2001年12月,我们通过"中国供应商"产品拿到了第一个月入几万美元的正现金流。这也让我们的投资人看到了一点希望。

我当时跟蔡崇信说,我们应该再融一轮资金,以防万一。当时我们把这一轮融资叫作"FU2轮"。这个特别的名字,缘起于我在英国伦敦商学院读商管硕士课程时候的一段真实经历。

当时,伦敦市最繁华的地区有一个广场,我每天都开车经过那里。在进入广场的路上,左边有一个传统的高档汽车公司,里面展览着英国有名的老牌劳斯莱斯和宾利轿车,而右边有一个新派高档但比较年轻的汽车公司,里面展览着当时最新潮的MGB和捷豹跑车。

有一天,右边的新派公司展出了刚出炉的E-TYPE捷豹跑车,并有一个非常特别的车牌号码,是"1FU",我觉得非常具有挑战性。结果,没过一个礼拜,左边的传统汽车公司也展出了一辆最新出炉的老牌劳斯莱斯,并有一个非常特别的车牌号码"FU2"。两家真是针锋相对,也是十分有趣的英伦幽默。

最后,因为当时正处于互联网泡沫爆了之后的寒冬,我们的投资人没有一家有信心去投资"FU2"这一轮。还好,蔡崇信找到了一家日本风险投资公司,这家公司对这个项目还有点兴趣,同时派人来调查了我们的运作好几次,但是开出的条件非常苛刻。而且,最后告诉我们,500万美元这一轮,他们最终只拿出400万美元。我们4个"O",就凑了100万美元,来凑足这个500万美元之数。作为投资者,我们也享受他们提出的很苛刻的条件。结果,也就过了2~3年,这一轮的回报是几十倍,也算是我们创业早期的一个有趣的插曲。

我们当年是通过各种选择和聚焦,验证了我们产品的"经济模式",然后又输血输氧,排兵布阵,构建系统,最终蹚通了我们的"商业模式"。以下就接着这个故事讲讲创业中的"经济模式"和"商业模式"。

验证经济模式：客户是否会为你的产品付费

上面简单解释了创业的初心。但是，创业不是只靠初心就可以成功的。很关键的下一步，就是有没有经济模式。

什么是经济模式呢？简单地说，就是你做的项目有没有价值，能不能让你的目标客户愿意付出金钱上的代价。

当年我跟马云同学给中小企老板们讲简单的管理课程，相当受欢迎。我打趣地跟马云同学讲，我们要是收钱的话，可能没这么多老板愿意来听。我更是打趣地提议，我们要不要做一个试验，我们给老板们讲完这些课程之后，在门口放个兜，让他们随意付钱。这样，我敢担保，不是每个人都会付钱。但是我也相信，老板们会更愿意为马云讲的课付更多的钱，更踊跃地付钱，远远超过我讲的课。

后来，我们聪明的阿里同学们，就把这些课改了一个模式。每个月在不同地区做一次沙龙，讲课的人是马云或是我，来吸引还没签单的老板们参加。我们讲完了课之后，每位直销同学就趁他们的客户心情愉快、脑筋放松之际，抓紧签单。经过验证，这个模式相当成功，我跟马云同学变成了每个区域销售队伍的"摇钱树"。虽然我们没有让老板们为听我们的课直接付钱，但是间接帮助我们的一线直销团队提高了销售业绩。这个也可以说是一个间接的经济模式吧。

直接的经济模式，就是你提供的价值主张（产品／服务）有没有客户愿意买单。

在创业之初，很多时候，创业者不一定完全掌握他们的经济模式，就去开展创业的投入。这个风险还是比较高的。

有一个近期的实例。伦敦商学院的一位应届毕业生提出了一个另类的相亲匹配项目。另类的意思就是，不同于目前市面上相亲匹配专注的维度，如年龄、相貌、工作、财富等，而是专注于思想领域的匹配，如某方面的爱好和要求。这个创意成功地被选入商学院孵化项目，并得到了一笔种子资金。因为这位创业者在到伦敦商学院就读之前，有专注非洲国家发展项目的经验，所以，她也把网站建设的技术项目从伦敦拿到卢旺达去做开发。因为她知道卢旺达的工科大学生非常优秀，同时项目开发成本也只有伦敦的几分之一，性价比非常之高。要知道，这种另类的相亲模式，有没有经济模式上的前景，是比较难去验证的。唯一的办法，就是尽快建成一个初步产品模式，并马上推向市场去验证，然后再迭代。

然而事与愿违，卢旺达的网站开发速度一般，可能缺乏经验也是其中一个原因。这个另类相亲项目，未能很快推向市场，并累积足够数量的有效客户群去带动并验证是否可以规模化。最后只能不了了之，草草结束离场。

所以，经济模式必须是实实在在的，就是说，你提供的价值主张，必须是有人愿意买单的。这个伦敦商学院毕业生另类相亲项目的失败，就是因为速度不够快，没有机会拿出产品去市场验证有没有足够的经济效益，继而去支持这个项目的持续发展和规模化。这种现象，在情怀型创业者中，出现的概率比较高。因为"情怀值多少钱"这个问题并不容易回答。没有产品或服务的提供，经济模式更无从验证。没有经济效益的项目，往往缺乏推向市场的基础，更罔论成为成功的创业项目。

同样的情况也发生在上面提到的传承中国传统手工艺的项目上，问题也出在不容易弄清楚经济模式。因为"传承中国传统手工艺"是比较宏大和笼统的价值主张，需要聚焦和更细分地去提供某一个价值主张，针对某一些目标客户可能更容易马上使他们产生共鸣和购买意愿，比如说，"100%中国制造（材料、人工、设计、艺术全部来源于中国）"，可能比较容易聚焦和发现有没有经济效益，也就是说，有没有足够的人愿意为这个去买单。

所以，光是有掌声是不够的。因为掌声或许只代表在互联网上吸引了眼球，不一定代表经济效益。有时候，掌声和赞美很多让创业者以为这些都代表了有经济效益。但是，有没有经济效益是需要创业者用产品去验证的。

有些行业，因为创业者提供了一个颠覆性的方法，往往比较容易验证经济模式。因为需求已经存在，并经过传统模式的验证，所以创业者提供的颠覆性方法，可以比较快速地获得市场的验证。

在这方面，阿里巴巴当年的"中国供应商"是一个很好的例子。传统的行业老大一直通过杂志模式去帮助联系买家和供应商，去达成交易，这是一个成本很高的方法。阿里巴巴"中国供应商"用互联网去帮助联系买家和供应商，去达成交易。成本更低，覆盖面更广。我们当年的直销团队一方面教会了中小企老板用互联网去联系买家，另一方面，也提供了VIP服务团队，帮助中小企老板在初期去操作网上推广和跟买家打交道，并达成交易。除此之外，我们也建立了网上推广培训班，帮助中小企老板培训他们的网上推广操作人员，有效地去跟询价的买家打交道,并达成交易。因为我们的单价是传统行业老大的几分之一,所以能很快成功获取客户,并帮助客户跟买家成交,让他们愿意签单,继而影响了其他出口型中小企老板,使他们纷纷签单。

蹚通商业模式：客户是否会持续付费，你能不能持续赚钱

商业模式的含义比经济模式更广，因为商业模式还包括了产品、定价、销售、培训和运营以及绩效考核、组织结构和利润，等等。

当年阿里B2B（商业对商业）是一个以直销模式推动的商业模式。我们给直销团队定了销售奖金，基于每位一线员工的销售额按照一定的百分比发放。我们向投资人汇报的时候，他们有些人采取了一种怀疑态度。换句话说，他们认为我们好不容易拿到生意，要小心，不要把赚到的钱通过大额的销售佣金给

了销售。为了消除他们的疑虑，我就给他们画了一下我们的商业模式简化示意图（见图1-1）。投资人马上明白过来，众口一词地问我们："现在只有十来个销售人员，什么时候可以翻番儿？"也就是说，他们看到了我们商业模式的成功主要是靠销售的规模化。

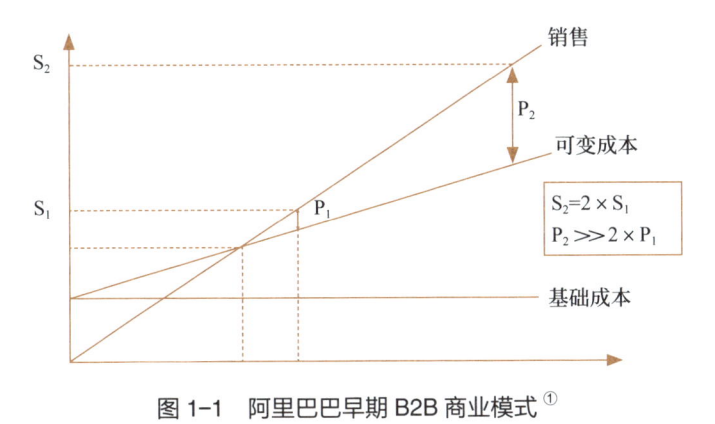

图 1-1　阿里巴巴早期 B2B 商业模式[1]

注：P 指 profit（利润），S 指 sales（销售额）。

得到了投资人的认同，我们马上展开了"中国供应商"直销团队的建设。大规模地招募一线员工，并集中在杭州进行培训。当时这个培训项目叫"百年大计"，基本上占了新员工试用期三分之一的时间。员工在培训班毕业之后，由班长领回区域，投入战斗。并必须在两个月之内出一单，不然就在试用期完毕

---

[1] 本书中的图表皆来自文明管理咨询（上海）有限公司（A&K）。——编者注

之前被淘汰。培训之后，大部分的直销员工都起码每个月出一单。就这样，我们快速建立起了销售基础。

"中国供应商"的直销团队，采取了地区组织结构。每个主管带10个销售，就是我们所说的"十夫长"。而每个区域经理带10个主管，就是我们所说的"百夫长"。每10个区域经理向大区经理汇报，大区经理就是我们所说的"千夫长"。每个区域经理配一个HR（人力资源专员），我们通常称他们为"政委"。

成功地开发"中国供应商"产品之后，我们也成功地开发了"诚信通"产品。这款产品是通过电话销售和互联网推广获得客户及成功签单的。当时，电话销售虽然集中在杭州一个办公中心，但都是根据同样的组织结构去进行管理的。电话销售的培训，被称为"百年诚信"。因为诚信通的经济模式是帮助网上买家和卖家认证对方身份和公司真实性以及注册是否合规等。这样子，诚信通的用户愿意买单。最后这两个B2B产品，每年的销售额达10亿美元。为后来发展的淘宝［C2C（消费者对消费者）产品］提供了发展过程中不可或缺的现金流支持，也正面带动了投资人的投资。

除此之外，还有许多创业者在探索商业模式的过程中经历了无数挑战与曲折，他们的故事不仅展现了创业旅程中的艰难险阻，也揭示了坚持与创新的力量，以及对商业规律透彻的认识和思考。这些宝贵的经验和教训，无疑为后来者提供了启示，值得我们一同分享和学习。

案例 1：牢记你的客户是谁，定价是重要的产品表达

我曾经辅导过一个企业创始人，是老阿里人。

十几年前，移动互联网的应用刚刚开始走上上升路径，市面上还没有出现特别出色的 to B（面向企业）的 SaaS（Software as a Service，软件即服务）应用，所以这个领域也是创业热门。

这位阿里同学是大学老师出身，写过程序，做过产品设计，对企业培训和成人教育领域有很好的经验和敏锐的洞察。他发现很多大中型企业对于知识管理和知识更新有很强的组织学习需求，但是组织和运营的过程却非常繁杂，比如说用一大沓 A4 纸打印很多试卷，比如说开一个培训会，要用表格签到，要打印名牌，后面又要很辛苦地把表格录入计算机，这些后勤工作繁杂，增值也并不多，无非就是把一些资料从纸面搬到了硬盘里，以便于保存和检查，但的确是

必不可少的。这些事情消耗了大量的人力物力，如果能把这些资源节省下来，把精力真正用到培训项目的设计和运营上，对于企业而言更有价值，培训管理者本人也有职业能力的成长。

于是这位同学就设计了一款 SaaS 产品，可以用二维码扫码签到，可以一键打印名牌，甚至名牌的格式都有很漂亮的选择，折痕也可以打印上去。学习者可以通过手机学习，管理者可以很方便地进行学习过程的管理，比如考试、预习、通知的发放等，极大地提高了管理的效率和企业学习的覆盖度。

产品雏形刚刚推出的时候，初步尝到甜头的一位社区网友惊呼，这简直是"本世纪最伟大的发明"。还有人觉得终于不用晚上加班做表格了，可以安心谈个恋爱了。初步的产品测试获得了极大的成功。

可是创业哪有那么容易。尤其是有产品直觉和技术背景的创业者很容易陷入陷阱——从经济模式的验证到商业模式的蹚通，还有很多关口要过，产品的定价本身就是一种产品的表达，而产品的表达不能忘记"谁是客户，客户有什么认知和行为习惯"。

获得了初步的成功以后，他当然希望快速占领客户的认知，如果免费推广获得大量用户，所带来的技术升级的压力、服务器的扩容、各种硬件软件成本的升高，以及资金的不足，可能就会使企业在高速扩张中轰然倒下。

所以，他要一边找投资，一边自己造血，其间还有一位高意向的投资者很看好他，出主意让他快速圈客户，打包票说钱不是问题——这也是另外一个陷阱，我在后续的章节中再说。

于是他就给自己的产品定了一个价——每年100元人民币。我相信各位读者看到这个数字，也是非常惊诧的，因为它毕竟是一个to B的产品，而且帮助企业节省的纸张估计都不止100元，他们还提供了如此贴心的服务，为推广做了很多有价值有意义的课程普及。这样的物超所值看上去能获得用户的体验风潮，却忽略了一个重要的事实：产品的价格也非常影响产品价值在客户心目中的定位。原本是一个to B产品，却定了一个to C的价格，100元在企业付费端来讲，完全可以忽略不计。试想一下，客户采购你的产品时几乎都不会有预算提到管理层，尤其是在上层决策者心中，这个价值压根就不会引起注意，它纯粹就成了使用者（那些培训专员）的一个劳动工具，而不会成为企业学习和知识管理的解决方案。这样的产品表达，本身就偏离了原本的目标客户——企业，使目标客户变成了个体。让产品未来的发展方向出现了偏移。

事情的发展果真如此，新体验低收费，确实很快圈了一批尝鲜的客户——谁不乐意用这么低的价格享受这么好的待遇？由此带来的客服和技术升级的投入，让这位阿里老同学陷入了新的烦恼。甚至还要专门为被娇惯的客户做一些提醒类小工具，挤压了开发企业级功能（比如支持大规模并发，进行员工的学习成长路径的数据化管理等等）的资源。

这位阿里老同学很快洞察到了自己产品定位的偏移，而引入的投资，还没有落实到位。形势所逼，必须涨价。那时候我也鼓励他细分客户诉求进行功能的分级收费，以目标客户——企业为中心思考自己的核心价值、资源投入和未来规模化以后的服务形态，就像阿里除了"中国供应商"，也有诚信通，前者用地推团队和专业服务，收费高，是万元级别的，后者是关于"实名资质认证"的诉求，简单但必要，用的是电话销售，收费就是千元级别的。

这位创业者于是果断涨价，把入门价调到了2980元，后续根据功能的叠加，再进行点餐式的收费，从几万元到几十万元、上百万元不等。当这些收费正式纳入企业管理层的预算审核时，他原有的使命和价值才走上了健康发展之路。

当然，人间正道是沧桑，纠偏之路刚开始，从100元到2980元的飞跃，把大家都吓了一跳，反对声音也很大，一些既得利益的原始客户也强烈抨击。在他实行了一些旧有客户的保护政策以后，整个团队放下包袱，重新上路，并且坚定地围绕企业客户创造价值，使注册量迅速突破了100万。

所以，经济模式是验证真需求、推出真产品、客户真付费。这个过程中，除了把产品做好，也不要忘记产品的目标客户，而定价，是产品在目标客户那里"用脚投票"的价值定位表达。如果这里出了偏差，商业模式和规模化就失去了焦点。大家不难发现，如果这位同学不调价，后续他的营销模式 to C 和 to B 就完全是两条路了。

案例 2：深入洞察目标客户的需求，物有所值的定价是双赢

我们曾经辅导过一家知名的婚恋交友网站，它通过提供多种服务帮助单身人士寻找伴侣。十几年前，他们的创始人找到我和我的合伙人，来进行发展方向与策略的咨询。彼时他们已经拥有一万多名注册会员，会员服务费是 599 元 / 年。刚开始的时候我们就注意到，他们当时的网站设计实际上是包罗了交友、婚恋和心理咨询等服务。貌似包罗万象，但缺点是不聚焦，因为这些不同服务面向的是不同的人群。

经过调研，我的合伙人很精准地指出，他们的一类主要目标客户，即寻找婚恋对象的客户，主要的上网时间是星期五晚上下班后。因为他 / 她们忙碌工作一个礼拜后，星期五晚上闲下来的时候，就是他们开始考虑自己终身幸福大事的时候。而且因为没有对象，也没有约会，他 / 她们就纷纷搜索婚恋这方面的服务和机会。而他们的数据分析结果也支持了我合伙人的洞察。创业者与我的合伙人开展了一个为期多天的深入头脑风暴，去研究和分析他们的发展变革之路。

头脑风暴过后，共识达成：聚焦，把其他非婚恋的服务全部剥离掉，集中公司的力量去推广婚恋方面的服务。

另外一个重要的变革，就是价格。因为当时价格定位的依据是不清晰的。我还记得，创始人说："我们是根据当时市场大多数的网站定价来定一个差不多的，也就是 599 元 / 年的会员费。刚好平均 600 元

左右的价格。"问题是，成功婚恋服务的价值是多少？抛开市场上其他网站的价格，创业者更应该关注那些从全国各地来到深圳下海打拼的寂寞职场男女的需求，以他们愿意为成功的婚恋付出的价格为定价依据。

所以，创业者大胆地调整了服务的价格：2999元4个月，5998元9个月。然后很兴奋地告诉我的合伙人，这种大幅度的价格调整，一点也不影响每天的访问量。之后他们还推出了其他的增值服务，比如红娘服务、VIP服务等等，又一次为这些增值服务调高了价格，提高了公司的营业额和净收入。

小结

其实，每一个创业者在创业之初都不一定很清晰地知道他们的初心是什么。很多时候，初心只是在他们意识中比较笼统或模糊的概念。但是因为对创业的热忱和追求，他们往往拿着一笔种子资金就闯入创业之路，并开始烧钱。很多时候，这些种子资金都是他们过往的积蓄，或许包括亲戚好友的支持，烧完了就无以为继。除非创业的商业模式比较早地露出成功的端倪，可以去寻找风险投资者投资的可能性。这种先行动后计划的情况，在初创企业中是很常见的。也有很多初创企业，因为这样就提早离场了。

所以，初创企业有比较靠谱的前期摸索计划吗？

《孙子兵法》有云："胜兵先胜而后求战，败兵先战而后求胜。"

初创者在摸索之初，当然不知道结果会是什么。但是，这种不确定性，并不影响你聚焦在"能为谁解决什么问题"上。也就是说，初心很重要，就是你创业是准备为谁解决什么问题。另外一个很关键的问题，就是经济模式。你提供什么价值主张，让你的目标客户愿意买单。回答了这两个问题，就能让你更好、更早地验证你提供的价值主张（产品/服务）会不会让目标客户买单，并且持续买单。

要是初步的验证结论是正面的，那你就必须问下一个问题：我们的商业模式是什么？能否规模化？前面也讲到，商业模式涉及的要素是比较全面的，包括：产品/服务的设计、销售/市场营销、定价、技术支持、专业培训、运营、绩效考核、组织结构和利润等等。商业模式的规模化就是创业下一阶段的要点。

创业是高风险的事，绝对是"玩命"，而不是"玩票"。因为，搞不好就可能倾家荡产，债务缠身，也可能再没有机会翻身。所以，勇往直前的同时，要胆大心细，要有策略地去做。不要只是懂得如何做，但不懂得如何赢。希望通过这一章我讲清了创业的一些常识，希望这些创业者的案例和经验，能帮助初创者降低创业失败的风险，提升成功的可能性。

下一章，我们来讲系统。

第二章・系统篇

从一个胜利走向另一个胜利,规模化需要系统的支持

初创企业，好不容易验证了经济模式，基本上弄清楚了目标客户和我们公司为他们提供的价值主张，并找到了初步的商业模式，下一步就是规模化。

这个用图 2-1 来讲解，初创企业经历过 A 就是验证了经济模式，就可以走到 B，也就是蹚通了有效的商业模式，之后就可以走到 C，也就是大型的规模化。

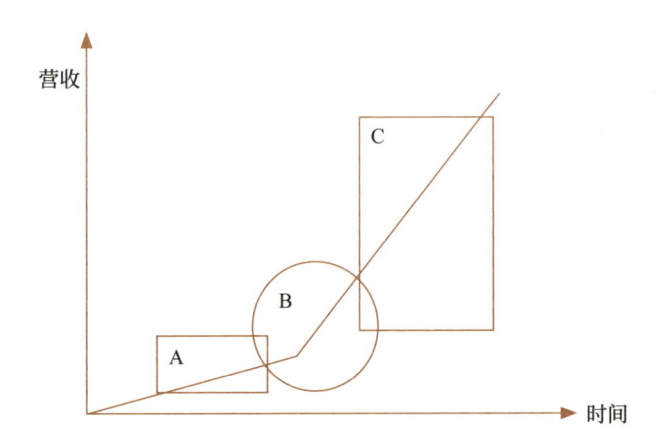

图 2-1　初创企业从探索到转折点再到规模化的过程示意图

没有规模化，初创企业是做不大的，但做不大并不等于它们不成功。只是意味着，它们的经济模式和商业模式，更适合"小而美"的营商模式。实际上，有不少"小而美"的模式也非常成功，只不过它们的市场情况并没有让它们变成"大而全"的巨型企业。

前一章阿里巴巴 B2B 产品的案例，描述了一个典型的规模化的过程。通过阿里巴巴国际网站和中国网站的服务，买家和卖家在有实在认证和建立信任的情况下，联系起来，并通过互联网成交。

系统如何设计

规模化的前提是标准化,也就是说产品和价格实现标准化之后才可以实现规模化。不然的话,要是产品和价格是为每一个目标客户量身定制的,那么可以做成收入规模化,但不一定是全面性的规模化。这些大客户的案例也有很多。其中有些 IT 行业量身定做的项目,收费往往非常可观,但因为每一个项目都不一样,就比较不容易规模化。另一个行业,如咨询行业,通常都是量身定做项目方案,收费也可以不菲,但不是规模化。当然,也有一些高科技的行业,比如医疗设备行业,高端的 CT 仪和 MRI 仪,以及 PET 显像仪等单价往往超过百万美元，①也可以说是产品和价格标准化。

所以，阿里巴巴 B2B 的中国供应商和诚信通产品，都是产品和价格标准化而发展成功的规模化案例。它们都是由销售模式推动的商业模式，其中重点的角色就是一线的销售：国际网站的一线销售是直销，中国网站的一线销售是电销，他们的角色都非常重要。他们是整个经济模式和商业模式最重要的单元之一。当年，中国供应商的单价是 3.3 万元人民币一年，每个月成交一单就可以支持每个一线销售的成本。超过一单，就能支持每个一线销售和他的主管的成本。最终，以此类推，就会一直支持到区域经理、大区经理，以及我们 4 个 "O" 的成本。同样，当年诚信通的单价最早的时候只有 2300 元一年。我们对每个电销每个月要卖多少单才可以支持他们的成本也有很清晰的计算。一直到最后，也可以支持他们的区域经理、大区经理、诚信通总经理，直至我们 4 个 "O" 的成本。这个道理所有同学都知道。这个也是我们规模化成功的一个大前提。

---

① CT 即计算机断层扫描，MRI 即磁共振成像，PET 即正电子发射计算机断层显像。——编者注

最后，我们直销和电销团队，直达一万名员工，每年成功获取 10 亿美元的销售额，提供数亿美元的现金流，去支持其他项目（淘宝等）的发展。

这个阿里 B2B 案例，非常清晰地说明了，规模化就是把中国供应商直销和诚信通电销两个角色的销售工作充分地量化。这样每位销售同学用很清晰的产品和价格，每个月去获得销售量以及销售增长。简单的概念就是说，每月 3.3 万元的单价，让我们每位直销同学每年有差不多 40 万元的销售额。但这个只是我们最基础的目标。阿里的"今天最高的表现，是明天最低的要求"这一价值观（游戏规则），让我们第一年就有 15 个直销同学的年销售额超过百万元。诚信通的电销同学也朝着同样的目标出发，并在第一年就收获 15 个百万元俱乐部成员。

另外一个非常重要的因素，就是做好绩效考核和士气激励。绩效考核能让大家都很清楚地看到每个人的业绩，并让他们的主管专注于如何支持他们更上一层楼。士气激励是销售管理中非常重要的一个环节。做得成功的话，就会让销售团队尽情发挥他们的所长,并通过良性竞争和鼓励,让所有人都相信自己的潜力是无限的。同时公司提供了产品支援和领袖力培训,让他们在这个舞台上发亮发光。

要支持规模化没有系统是不行的,而且这些系统需要精准地支持我们一线销售的两个主角。

销售系统

先从销售系统说起,首先要有招聘和培训两个最基本的环节。这方面,我在《关乎天下2》的团队成立(招聘、培训、激励)章节里面,已经有非常详细的讲解了。最基本的要素是悟出我们应该招聘什么样的员工来做一线销售。在这方面,阿里也经历过一些摸索,最终才寻找到一个平衡(选择"素人",还是有销售经验的人)。

同时,也要思考和设计给他们提供怎样的培训。在这个方面的考量,最终的结论就是,培训是一种投资,不光是成本。所以,我们当年的一线销售的培训,都是脱产集中在杭州进行的，达三四个星期之久。在我们的行业里，这应该是一个例外。因为我们卖的产品是标准化的，所以，也有人质疑我们为什么要花这么长时间培训新人，而且是脱产。我说，因为我们卖的是信任，我们对员工在理解公司的文化价值观（游戏规则）方面的要求是比较高的。同时，我们也趁这个机会，让班长们观察他们的学员一段时间（也有在培训中就被淘汰的案例），并利用这段时间去了解他们，建立团队。这样，他们一毕业就可以跟班长回他们的区域战斗，并发挥作用，而且感觉到他们不是孤军奋战。这样子做，时间比较长，而且成本比较高，但结果证明这个投资还是值得的。这些学员都以他们参加过"百年大计"和"百年诚信"培训为荣。毕业之后，还牢牢记住自己是几"百大"，或是几"百诚"的学员，非常有凝聚力和团队精神。

另一个重要的环节就是预测。我们要问的问题，基本上就是预测应该由谁来做。

2001年刚进入阿里巴巴的时候，我问马云："我们今年做多少？"他毫不犹豫地说："1000万美元。"我就拿着这个指标去问李琦（我们销售的头儿）和他的团队："我们如何做到这1000万美元？"结果他们每个人的答案都令我非常意外，因为他们基本上众口一词地说："这个1000万美元不是我们的预测，这只是马云同学的预测。"我后来去问马云同学这件事，他微笑着告诉我："1000万美元是我拍脑袋出来的，但是如何去做到，这个就是你COO的责任了！"后来我也拍了一下脑袋，告诉投资人说："2001年我们不可能做到1000万美元，我们的预测应该降到400万美元。"他们也接受了。但是最后，我跟马云同学的预测都没做到，我们做到了365万美元，虽然有点接近，但总归是不达标的，这也是我职业生涯里第一次不达标。但意外的是，在当年12月有一个几万美元的正现金流，总算让投资人看到点希望。

所以，我们总结经验，2002年的预测，应该是以每一个销售的预测为基础，通过主管及销售管理层"信心指数"的优化进行整合。对此，《关乎天下2》"团队效能"部分已经有了详细的分析，所以不在这里重复。主要的根据是，一线销售是最了解客户的人，所以，他们的预测应该是最有准确性的。主管和其他销售管理层的任务，就是在他们预测的基础上，去支持和引导这些一线销售，让他们发挥最大的潜力去超越他们自己。因为一线销售就是主管和其他管理层的内部客户。

另外一个重要环节，就是CRM（客户关系管理）。这个环节的主要任务是，支持一线销售去寻找、预约和拜访客户，并把销售过程中主要的里程碑和数据记录下来，好给后面的跟进提供参考。需要记录的内容包括下一次跟客户预约的提醒，以及销售希望记住的细节，等等。当然，公司要对每一个客户的数据进行记录，包括客户联系人的细节、客户类别的区分等等，这些都是公司珍贵的财产。在设计这个CRM的时候，很关键的就是要从销售的角度出发，让他们感觉到这个设计是为了帮助他们做销售，而不是公司为他们设计的管理紧箍咒。这项工作的过程，在《关乎天下2》第五章的相关章节里也已经描述了，在此不再重复。但最关键的是，这个工具一方面协助一线销售做好客户的管理并追踪销售的进度，另一方面也保证这些重要客户数据牢牢地掌握在公司手中。

还有一个重要环节，就是业绩考核。

根据我在阿里总结的经验，无论在销售部门还是在其他支持部门（包括工程、网站、产品设计、财务和人力资源等），清楚的业绩考核，安排好的话，肯定会提升每一位员工乃至整个部门的战斗力和表现。简单的说法就是，业绩是会越考核越好的。当然，很关键的是，要让所有有关员工非常清楚地知道我们在考核什么，而且考核过程要有员工的充分参与，由员工牵头做预测。考核的过程我们当时用的是 PDCA 这样的简单工具。如图 2-2 所示。

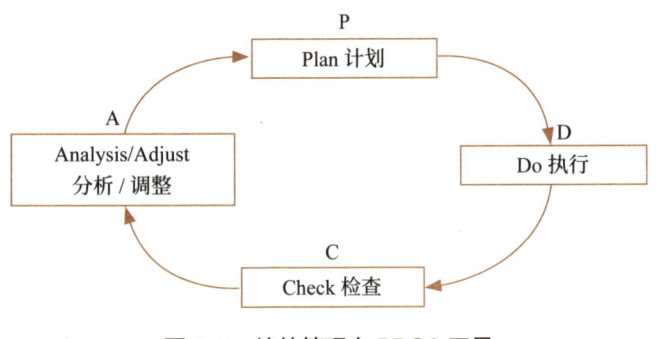

图 2-2　绩效管理之 PDCA 工具

PDCA 工具的具体运用，在《关乎天下 2》的 5.2.1 和 5.2.2 中已经描述了，在此不再重复。但是这里我们强调，不光是销售部门需要支持一线销售发挥他们的潜力和最大能量，整个公司的部门（包括工程、网站、产品设计、财务和人力资源等），都需要同步给予支持。

以上是当年一线销售同学们支持规模化专用的系统。当然，创业者也需要建立其他用于全公司管理的比较全面的系统。下面让我来一一讲解。

财务系统

创业之初，财务数据特别是销售预测和收入数据，都分散在每个销售团队的成员手上。很多时候，就在他们个人电脑的记录系统中，没有统一的规划。为了符合规模化的要求，我们就定了一个主要的原则：所有销售预测和收入数据，全都由财务同学统筹。就是在有任何争议的时候，这些数据以财务系统的记录为准。我们也定了一个规矩，就是销售收入在每个月最后一个星期五的下午五点半结算。要是订单的账款没有在这个时间点之前提交给财务部，那就变成了下一个月的收入。这个做法把以前在这方面常常发生的，有关每个月销售收入计算的讨论和争议，完全消除了。就是说，大家都要按规矩做事。最后这个数字要有准确性和统一性，以财务的记录为准。因为这个改变会影响一线销售每个月的实际收入，所以很快，大家都没有争议了，并按照规矩做事。

按照这个财务计算的原则，我们一线销售每个月的预测和销售结果，都发到财务部去统筹和总结，为每个月、每个区域的业绩讨论，也就是当时我们的月度复盘（内部称"扒皮会"），提供讨论的数据。

这个重要会议，由全国的销售主管和他们的团队主持，并每个月轮流到个别区域总部举行。COO、财务、人力资源专员都是必须列席参加者。CEO、CFO和CTO也经常参加这些会议。

人力资源系统

随着公司的发展和员工的增加，我们很快就面临人力资源系统建立的问题，以有效地支持公司快速增长和规模化。其中一项很重要的工作，就是使公司每个职位和职级有系统的描述，并面向全公司发布，保证透明度。这个要求看似简单，相关的工作实际上是相当繁重和有挑战性的。在这个过程当中也有不少插曲。比如，有些同学一直都相处非常融洽，关系非常好，但是当这个职位和职级公布之后，因为有对比，所以有时候会发生不大不小的争议和摩擦，也需要人力资源专员和各位部门主管去出力调解。

另外一个困难就是，我们有大量的工程部门的同学，他们经验丰富，工作任务繁重，但是当时的职位职级系统没有对他们的定级方式进行明确。我记得有不少资深的工程部门同学问我如何能当经理。但是他们是专家，而不是带团队的主管。所以我有点好奇，为什么他们问我这方面的问题。

后来，我咨询了一下就了解到，城中另外一家高科技创业公司，都给他们工程部的高层员工安排经理头衔，也让员工们非常受用，可能这个也刺激了我们这些同学在这方面的思考和憧憬。为了解决这个问题，我们就制定了发展的双轨制度。一个轨道是传统的管理轨道，也就是我们说的"M"，有定好的级别和相关的薪酬待遇。另一个新的轨道就是专业轨道，也就是我们说的"P"，也有定好的级别和相关的薪酬待遇。更重要的是，M 和 P 的级别对应性也公开了。也就是说，有些 P 专家的级别，是跟有些 M 副总裁的级别相同的，并拿到同等的薪酬和待遇。通过这个新的改革，我们给专家型的同学创造了一条职业生涯的途径。他们可以专心在他们的专业上发展，而不需要担心不走管理的轨道就无法在公司得到晋升。

另外一个很关键的人力资源系统设计的原则就是：1 OVER 1＋HR。也就是说，在好几个重要的人力环节，比如聘任、开除、晋升、换岗和奖惩，主管和主管的直接上级及人力资源的代表，必须参与。

一个很好的例子就是管理层的绩效考核。我们当时用的是一个类似于积分表的系统，如图 2-3 所示。

	积分卡	奖励	
		钱	股票期权
策略	**	*	*
团队	**	*	*
业绩	**	*	*
	100	100	100

图 2-3 高管团队的绩效体系

这些绩效考核积分表,把我们的直接汇报同学(D)和这些直接汇报同学的直接汇报同学(DD)都包括在内,做这些积分表工作量相当大,因为不光要做好自己的直接汇报同学(D)的分工和绩效奖励,还要参与D的直接汇报同学DD的相关工作,做好每一个人的分工和绩效奖励。同时,要人力资源专员参与。我们当时用的主要考核点,就是每个管理层同学的策略、团队和业绩表现。因为我们相信,把策略弄清楚,知道什么是赢和如何赢,领导好团队的话,就能拿到业绩结果。这也是把我们理解的因果排列搞清楚,并把有关的奖励(包括钱和股票期权)也写得很透明、很清晰,让每个人知道,算账是有依据的,并且是每位同学都可以掌控的事。我们做这个绩效考核,是今年做明年的。所以,预测显得尤为重要。奖励是根据每个人预测和达到的结果计算出来的,而且一早就说清楚。

人力资源另一个很重要的功能,就是人才的盘点、培训和制订接班人计划。当时我们每年都有人才盘点,主要的盘点对象是末位和明星。末位就是需要淘汰的对象,对于明星,要有一个系统去支撑他们发展,让他们更上一层楼。培训主要是管理和领袖力的培训,主要的课程就是"阿里巴巴管理发展计划-AMDP"。参加过这个培训的学员,在阿里巴巴发展过程中都历任要职,在很大程度上帮助和支持了公司的大规模发展。

创业公司发展的过程中,一个主要的瓶颈就是人才的不足。因为通常成功的创业公司都是高速发展的,要是没有很好的培训计划和人才储备,人才往往会跟不上公司的发展速度。这在过去20多年中国创业公司发展的历史上屡见不鲜。很多公司在没有办法的情况下,只能到处挖人才,使其成为公司的空降兵。但是这也带来很多比较棘手的问题,比如,挖来的人才水土不服,表现不如预期,以及因为往往超高薪酬待遇才能招聘这些空降兵,所以会大大打击内部跟公司打天下的员工的士气。我们在这方面当时总结的经验就是,管理层最好还是通过培养一路跟公司打天下的员工去更上一层楼。但是,有些必需的专业技能,如果我们公司内部是缺乏的,就更适合去外聘。

另一个重要的人力资源系统,就是接班人计划。也就是说,为每一个重要部门的主管寻找和培养他们的接班人。这样子,公司在发展过程中,可以避免管理团队脱轨和断层的危险。后来,阿里巴巴建立了集团组织部,某一个级别以上的管理层或专家,已经不只属于他们的部门或事业部,他们更是集团跨部门的高层管理/专家人才,随时可以调派到任何部门或事业部去支持公司的发展需要。

组织结构的改变

关于组织结构的设计,当年阿里总结的经验就是,把产品事业部化。我们建立了国际事业部和中国事业部,而且把所有有关的产品设计、工程、网站、财务和人力资源等,让每个事业部的头儿主力分管,好让他们统筹自己事业部的高速发展。同时,因应淘宝的成立,我们也建立了一个淘宝事业部,好让淘宝这个新创事业,统筹自己的发展。后来,有更多的产品开发,便有更多的事业部成立,这加速了阿里巴巴发展。

所以说,商业模式也包括了销售以外的运营和组织结构的设计和优化。我之前所在的美国通用电气医疗设备系统,当年用的是矩阵式组织结构,如图 2-4 所示。

可以看到,通用电气以全球产品营销去推动,但每个地区是有

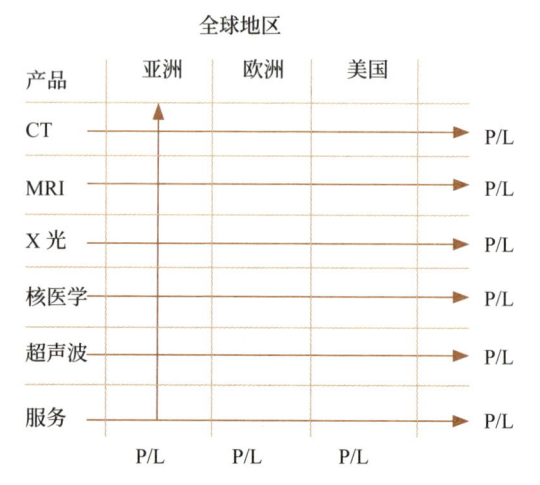

```
                    全球地区
                亚洲    欧洲    美国
        产品
        CT      ┼──────┼──────┼──────→ P/L
        MRI     ┼──────┼──────┼──────→ P/L
        X光     ┼──────┼──────┼──────→ P/L
        核医学   ┼──────┼──────┼──────→ P/L
        超声波   ┼──────┼──────┼──────→ P/L
        服务    ┼──────┼──────┼──────→ P/L
                P/L    P/L    P/L
```

图 2-4　美国通用电气医疗设备系统：矩阵式的组织结构

自己的 P/L（profit/loss，损益）指标的，所以用矩阵的方法来平衡全球产品和地区用户需求，通过这两大因素，达到整个美国通用电气医疗设备系统的全球利益最大化。

还有一个重要的环节就是全公司年度业绩计划的制订。

早在 2002 年，即我们收支平衡那一年，阿里巴巴就开始做全公司策略目标和年度业绩计划。主要的推动力是每个产品的销售预测和有关部门支持这些销售预测的计划。如图 2-5 所示。

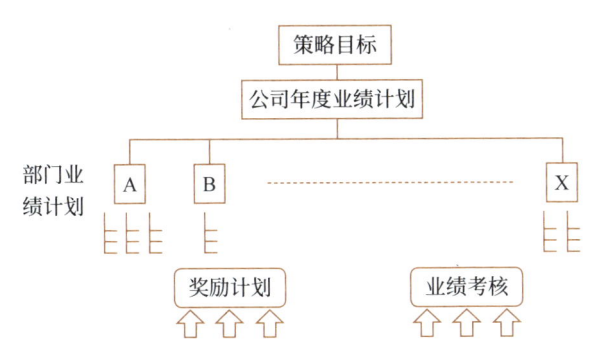

图 2-5　策略目标和年度业绩计划分解与考核

随着产品事业部的建立，全公司的年度业绩计划更升级到以事业部为主的策略目标和年度业绩计划。如图 2-6 所示。

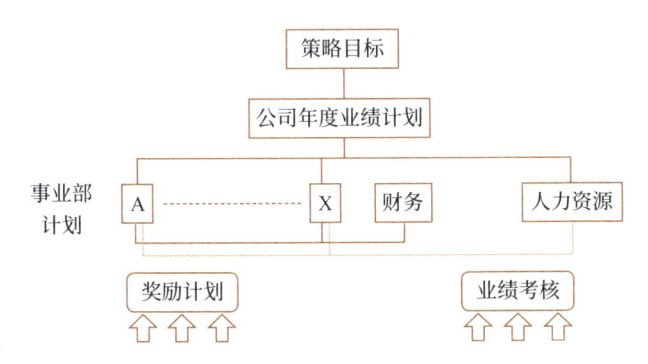

图 2-6　以事业部为主的策略目标和年度业绩计划分解与考核

跟事业部分不开的就是有关的奖励计划和业绩考核，而且都是以预测下一年度的策略目标和业绩计划为主。

规模化的误区和诱惑

在企业规模化的过程中,也有一些误区和诱惑,还好我们当时很清晰地看到,我们的前途在于中国供应商和诚信通两个主要 B2B 产品的规模化,而不是尝试用我们的商业模式和系统去做一些非我们本行的业务。如下列案例。

案例 3:一个从欧洲而来的进入中国市场的合作建议

记得当年,我们还未收支平衡的时候,就刚好有一个从欧洲而来的,想通过我们的销售团队进入中国中小企市场的合作建议。每年可以给我们提供的收入,少说有几十万美元。对当时的我们来讲,这个数目是很有吸引力的,因为我们还在一个月有现金流,一个月没有现金流的情况下拼搏。但是,中国供应商的同学们考虑了他们的要求之后都非常坚定地拒绝了，因为大家都知道我们的本行、主业是在帮中国出口型中小企找到买家，而不是帮欧洲公司去推广它们的产品给中国出口型中小企。我们没有受到这个短期利益的诱惑而进入误区，也因此得以集中精力专注于我们的本业。很快，就在2002年，我们达到收支平衡、赚一块钱的里程碑。

当年阿里巴巴在探索收费产品和服务的过程中，是做过很多尝试的。阿里之所以成为今天的阿里，也是一步步选择、积累出来的。

对于创业者而言，他们有时候会觉得，只要有客户买单，这个"业"就成了。其实非也，成了一次，是不是会成很多次？并不是所有客户愿意付费的工作或者客户愿意付费的产品都能够规模化的。

能规模化的产品和服务最好满足三个条件：第一，有客户需求且客户愿意付费；第二，是我们本行本业擅长的，或者能够控制住核心价值环节的；第三，复制起来，是平凡人就可以做到的，也就是"平凡人能成就非凡事"的。

这里有一个当时做产品的同学的故事，也分享出来给各位创业者思考。

案例4：来自GE Lighting的供应商调查和遴选需求

2000年的时候，我们一位做产品的同学收到了一个来自网上的询盘，经过联系以后发现是GE Lighting（通用电气照明有限公司）想通过阿里巴巴平台，当年这种还算新鲜的B2B模式，调查一下国内卤钨灯生产商的情况，也搜集一些国内卤钨灯的供应商信息，以满足他们可能在中国找潜在伙伴合资建厂的诉求，而且愿意为做好这件事支付一些费用（对方报的费用好像是2万美元，具体不记得了，但对于当时完全不挣钱的阿里而言，肯定是一个很有吸引力的数字）。这位同学真是初生牛犊不怕虎，觉得自己会学习，有资源，更何况还可以探索一下付费模式，于是不管不顾承接下来，一了解细节要求才知道，原来对方不仅需要国内卤钨灯供应商的名录和一些背景信息，更希望对供应商资质是否合格进行评估。

于是这位同学满怀热忱地投入到这个项目当中，她首先在阿里的数据库中对灯具供应商进行了检索，又在阿里的网站上打了广告，让当年可能的供应商主动报名参与调研，为此还专门向公司申请了一部数码相机作为抽奖奖品鼓励参与者；与此同时，对灯具一窍不通的她还主动请教了采购协会的专家，专门聘请了卤钨灯的专业人士去考察江苏武进这样的灯具之都。当年国际照明和灯具博览会在香港召开，她还费劲"刷脸"请香港的同事帮忙拿着由专家提供的问卷到现场进行调查，或者邀请那些参展商进行填写，等等。这个项目进行完毕，客户拿到了满意的成果，爽快地付了钱，这位同学几乎也成了一个卤钨灯小专家。

如果我们把这个项目比作一次小型创业，相信这位同学对这"第一桶金"是满意的：客户多厉害，GE Lighting 啊；客户还付了不少钱呢，说明我们有能力交付。

但是作为一个生意，这是可以走向规模化的吗？我们来看这三个条件：

第一，有客户需求且客户愿意付费；

第二，是我们本行本业擅长的，或者能够控制住核心价值环节的；

第三，复制起来，是很多平凡人可以做到的。

第一个条件是满足的。

第二个呢？这个工作的核心价值之一是对于卤钨灯考察的专业度。这是 25 年前一个初创的外贸互联网平台具备的吗？答案是"不"。阿里当年的优势实际上是平台能力，也就是主要贡献于潜在供应商的数量。对质量的贡献，属于专业人士的工作。当年也并没有非常多的人工智能手段，把这些非常专业的采购知识变成可以自动辨别的知识库，所以，对于供应商质量的贡献这位同学并不擅长。事实是，当年外请的专家分走了几乎一半的收入——从核心价值贡献的角度，其实也合理。

第三个条件，这位同学的交付过程和所需的综合能力，也不是可以找很多同学一哄而上、一蹴而就的。

还有几个问题需要思考：又有几个 GE Lighting 这样的大型企业可能会通过这样的形式去做供应商调查呢？就算后续有越来越多的需求，试想一下，如果当年阿里保留了这样的服务，我们需要养多大的一个专业团队，需要经过多么复杂的质量控制，去做多少我们并不擅长的事情呢？（这样会丢掉我们原本基因里的优势。）

所以，规模化的前提是聚焦，聚焦的核心是专注于本行本业。

规模化的盲区：服务于客户利益最大化，还是服务于系统？

要想规模化，没有系统是不行的。有不少新创企业，虽然有规模化的潜力，但是因为在系统设计的环节上没有痛下功夫，结果错失规模化的良机，企业没有把潜力发挥到极致。

但是，建系统最大的盲区，就是公司变成了一个服务于系统的奴隶，而不是通过系统去保证目标客户得到最好的服务。就是说，规模化后的企业一旦不能服务于客户利益最大化，就会失去客户的支持。这对企业的打击是非同小可的。

举个简单的例子。很多上了轨道的餐厅，都有一门子的系统、流程和分工。本意应该是出餐快，更好地服务客户，提升客户满意度。但是，很不幸的是，依然有不少客人在餐厅里反复听到的是"抱歉，我给你催一下"，除了说"抱歉"什么问题也不解决，因为这些餐厅里面的员工，要么是不了解业务，要么是不关心客户体验，就只是盲目跟随系统、流程和分工机械地做事，让客人要么等待，要么忍受乱七八糟的上菜顺序，这让客人感受非常不好。这种情况，哪怕在比较高档的餐厅里面，也屡见不鲜。

企业一旦忘记了建立系统的最终目的是让客户更加满意，就很容易本末倒置。让系统、流程和分工变成了老大，让客户去符合这些系统，而不是让系统去服务客户，那么，"管理"就真的变成"管"而不"理"了。我们要是这样去做的话，就很容易变成服务系统，而不是服务客户，还会觉得自己做得很好而沾沾自喜。

规模化的道路，少不了从个别的经验到系统化的过程，牢记"系统服务于客户"的企业，才能避免"沉迷于系统"的盲区。

这方面，我们要时常审视，保持警醒。

案例 5：系统和流程只是路径，保障客户利益最大化才是目的

这是一家头部供应链公司商务部门的案例。这家公司在创业之初就把成功的客户服务经验、相关的操作进行了流程化和系统化，它也很早就构建了 IT 化的系统操作。这使得公司在规模化的过程当中获得了长足的进步，在业内也成了头部企业，通过流程化和标准化把数字化服务做得很好。

公司的商务部门承担了客户跟单的大部分工作。小伙伴们在高度的系统化流程化当中，除了高效地工作，也通过日复一日的重复，把自己变成了系统的一部分。虽然效能提升了，但是隐患也是存在的，所幸他们的 CEO 通过一个切面破除了这个盲区。

盲区之所以为盲区，就是因为它不容易显性地被人看到，但是它总归会投射在一些方面。这位 CEO 看到的就是团队活力缺失和绩效考核的无力——团队长期遵守系统化流程化的工作，使得大家主要关心自己的一亩三分地，关心自己是否合规，慢慢就忘记了这一切的终极目的就是让客户满意。而绩效考核的牵引，主要就是合规性、工作量、时效性、差错率等等。这就会导致某个伙伴可能开罪了一个客户，但于他而言，体现在绩效考核上可能就是一个很小的差错率或者是可以接受的差错率，甚至从他在系统里的流程而言，他任何的操作都是对的。从管理的角度，绩效考核的牵引其实就是上司

考核什么员工就会重视什么。你既然只考量他的系统合规性，那员工当然就只重视系统合规性。

于是这位 CEO 就从绩效考核这个切面破除了这个盲区，让员工牢牢记住，我们的一切都是为了让客户满意，系统和流程只是路径。

新的绩效考核制度不再关注那些属于员工日常职责范围、符合系统流程的事项，而是鼓励员工超越日常职责，为客户提供超乎寻常的服务体验。比如：当客户遇到困难时，员工主动提供解决方案；或者通过深入了解客户需求，为公司带来新的销售机会。

最值得关注的是，他们引入了一种基于系数的奖金机制。每一位员工都有一个基础薪资，这个基础薪资就是跟它的系统合规性息息相关的。但如果能在业务拓展或流程优化和创新方面取得显著成就，就能获得额外的系数奖励。这意味着员工可以通过自己的努力"自己给自己加工资"，而且这种加薪是建立在为客户创造价值的基础上的。

例如，一位员工原本月薪 7000 元，通过提供优质客户服务或带来新销售机会获得了 1.2 的系数奖励，那么他的实际收入就会增加至 8400 元。这样的改变不仅提升了员工的积极性和个人成就感，还让每位员工都开始思考如何更好地服务客户，如何为公司带来更多价值。

随着新制度的实施，该公司商务部发生了翻天覆地的变化。员工们从按部就班符合系统、执行流程的角色转变为主动解决问题的合作伙伴。他们开始思考如何优化流程,如何根据不同客户的需要提供定制化的服务,同时也积极尝试,推动新服务的流程化。慢慢地,整个团队的面貌焕然一新,员工们不仅对自己的工作更加投入,也找回了工作的乐趣和成就感。员工们不再是简单的螺丝钉,而成了推动公司向前发展的积极力量。

这个案例也可以说明一家企业如何做到不忘初心。创业的初心永远都是为客户解决问题。把客户放在心中,你就如同头脑和眼睛装上了雷达,能审视一些不合理的地方或者盲区,帮助我们从"沉迷于系统"回到"服务于客户"。

小结

我们已比较详细地描述并说明了，要规模化必须要有适当的系统，也用了当年阿里巴巴以 B2B 产品为主的，由销售推动的商业模式中很多与销售有关的系统细节。如：招募、培训、预测、CRM、业绩考核、PDCA 等等。说明了系统对销售高速发展的重要性。

当然，我们也必须认识到，不光要建立跟销售有关的系统，同时也要建立全公司在高速发展过程中，管理和领袖力的重要系统。没有这些系统的支持，公司就可能变成一个尾大不掉的销售团队，而不是一个全面的可持续发展的实体。这些系统包括：人力资源系统、人才系统、管理/专家级别双轨系统、接班人系统、绩效考核系统、财务系统、培训系统、组织部系统等等。

与此同时，我们也通过一些案例和大家分享了规模化征途当中的一些误区和诱惑，甚至是盲区。希望这些故事能给大家带来启发。但是，就像托尔斯泰在《安娜·卡列尼娜》开篇说的那样：幸福的家庭都是相似的，不幸的家庭各有各的不幸。诱惑是形形色色的，盲区的投射也是林林总总的，所以这个过程当中我们唯一要记住的就是不忘初心，专注于我们的本行本业，把客户放在心中。

第三章·企业文化篇
降低管理成本的秘诀

企业文化不是道德观念，而是游戏规则

关于企业文化有一个常见的误解，我们习惯用"文化"这个字眼，这导致很多时候创业者和他们的团队都将其误解成道德观念。实际上，企业文化绝对不是道德观念，而是企业的游戏规则。

当年我刚到阿里第一个星期，在到处调查了解情况之后，我们4个"O"和两位创始人，在马云同学的办公室外讨论公司文化价值观。这些文化价值观其实一直都存在于创业团队的潜意识中，很多时候，也存在于马云众多的讲话和演讲中，但是还没有非常系统地把它记录下来。我记得当时马云同学也问我，

应该怎么样记录下来。我就跟大家说，用目标、使命、价值观去系统地记录下来。经过一天的讨论，结果如下。

- 目标：成为持续发展80年的企业，成为世界十大网站之一，只要是商人就一定要用阿里巴巴（"80，10跟1"）；
- 使命：让天下没有难做的生意；
- 价值观：激情、创新、教学相长、开放、简易、团队、专注、质量、客户第一（"独孤九剑"）。

在我们花了一天时间，把这些梳理出来之后，大家都很累。大家一起去吃了个饭后，我就回到我在杭州住的120元一晚上的招商宾馆，我当时戏称"四面通风，八面玲珑"的房间，去复盘今天跟马云及其他同学讨论了一天关于价值观的问题的重要收获。想了半天之后，有感而发，把价值观的这9条，分成创新和系统两个主要维度，得到了图3-1。同时发现，简易是在创新和系统两个维度里都同样重要的一个价值观。

图 3-1　早期阿里的价值观体系

我正式入职阿里之前，在面试的过程中到过阿里在杭州和上海的办公室，对于每位小伙伴的激情和创新的表现，我的感受非常清晰，你只要在前台一站，就能感觉到扑面而来的能量。还记得当时马云派了一位从上海过来开会的同学，陪我从杭州坐绿皮火车回上海，她告诉我，她和其他同学昨天晚上一直在西湖边开会，这样子不仅可以比较开放和轻松地讨论问题，还不用花住酒店的钱。

当然，选择系统做另一个维度，也是有感而发的。当时阿里没有太多系统，每个人都朝着自己觉得正确的方向去使劲儿，可以说是有点理想主义的组合。

当时马云同学就像一只鹰在天上飞,我们就像一群蚂蚁在地上想办法追上他。因为马云飞得很高,也看得很远,没多久,前面的同学就说:"马云不见了?!"而后面的同学就说:"马云飞到我们这边来了!"所以我们一大群人就马上转向去跟随。几个来回之后,我们都分散了,马云还在天上飞。后来我说,我们不能再用这个方法继续了。所以我们就找了一个大的盘子,刻上了很精准的刻度,上面搁着一个支架,支架上再放一个炮弹,对准马云。通过这个转盘的转动,我们这群人就不再需要在地上跑着去追踪马云了。当马云发现了目标,他就让我们调整炮弹所朝的方向,并向目标发射。用这个方法,我们初期就打出了"中国供应商""诚信通""淘宝"这些主要的产品和业务。

这些价值观(游戏规则),实际上一直都在阿里创业团队的意识里,但是没有很具体和系统化地表述出来。通过那一天7个多小时的头脑风暴,我们成功地记录了这9条价值观。在创新维度主要有"激情、创新、开放和教学相长",这几个也刚好是当时阿里创业团队的长板,也正是因为有这些,我才会感觉到扑面而来的能量、激情和创新气势。在系统维度,虽然还没有很显著的长板，但也很清晰地说明了"团队、专注、质量和客户第一"的重要性。当然，"简易"是横跨"创新"和"系统"的价值观。我记得当时当这9条价值观出现在我们眼前的时候，马云同学比我更快地说出了"独孤九剑"。

我跟他都是金庸迷，我也很佩服他能够第一时间说出"独孤九剑"这个标题。后来，大概是当年夏天，我在杭州办公室接到他的电话，他说："你的偶像来了！现在跟我在梅家坞喝茶，你赶快过来拜见吧。"我一听，不得了啊，原来金大侠亲临。我马上从我办公室拿着《射雕英雄传》的第一册，冲到梅家坞拜见金大侠。他非常友好地在这本书的扉页用我的名字亲笔提了一副对联（是我一生的珍藏）。后来我看到马云和金大侠旁边还有一个大胡子，原来是张纪中导演，才明白马云是在做东招待金大侠和张纪中导演，讨论《笑傲江湖》的剧本。后来我也听说，当时马云很希望参与扮演"风清扬"这一角色，但很可惜没有下文。这样子我才明白，他能够第一时间说出"独孤九剑"这个词的背景。

"独孤九剑"这9条价值观（游戏规则），实际上是针对如何支持"让天下没有难做的生意"的使命。很关键的下一步,就是把这些价值观都变成了行为。这样子就有迹可循,并统一培训所有员工去复制和规模化这些游戏规则。要是每位员工都每天在工作过程中实践这些行为,就好像是在每一个员工身上装了一个指南针,让他在不确定的情况,或许是面对困难的时候,都有一个很清晰的方向,避免迷路和走弯路。这样子,团队的凝聚力和方向感就会强大,管理成本就会大大降低。

彭蕾同学是当时的人力资源主管,并非常有效地在三个月时间之内把这9条价值观(游戏规则)变成了行为,而得到管理团队普遍认同。她还把每一条价值观(游戏规则)分成5个水平,从1分到5分赋值。这样子,我们就有了衡量的标准。请看"客户第一"的价值观行为等级图,如图3-2所示。

■ 客户第一
——客户是衣食父母
▶ 尊重他人,随时随地维护阿里巴巴形象。
▶ 微笑面对投诉和受到的委屈,积极主动地在工作中为客户解决问题。
▶ 与客户交流过程中,即使不是自己的责任,也不推诿。
▶ 站在客户的立场思考问题,在坚持原则的基础上,最终达到客户和公司都满意。
▶ 具有超前服务意识,防患于未然。

图3-2 客户第一之行为准则的5个水平

有了这些行为准则，就可以开始培训和做绩效考核了。当时，我问大家业绩和价值观各占绩效考核的多大比例，非常意外的就是，大家都说应该是各 50%。所以我们就从第一年开始，每一季都用这个框架来做全体员工的绩效考核。也通过这个实体的绩效考核去培训所有同学与价值观（游戏规则）有关的各个行为，如图 3-3 所示。

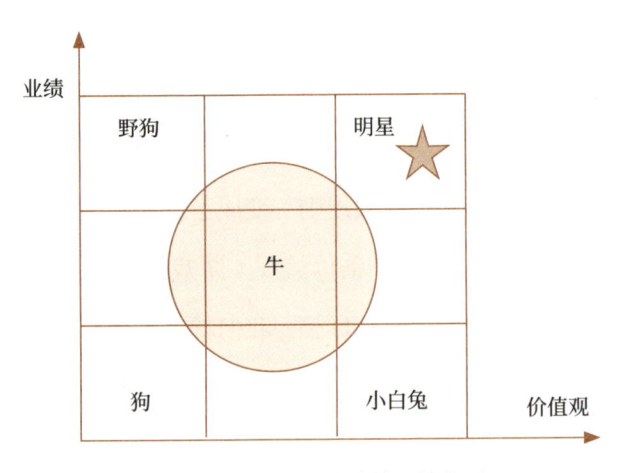

```
业绩 ↑
┌─────┬─────┬─────┐
│ 野狗 │     │ 明星 ★│
├─────┼─────┼─────┤
│     │  牛  │     │
├─────┼─────┼─────┤
│  狗  │     │小白兔│
└─────┴─────┴─────┘ → 价值观
```

图 3-3　早期阿里的绩效评估体系

业绩和价值观都最高的，就是我们的明星。大部分中坚分子都是业绩和价值观都不错的牛。没有业绩也没有价值观，就是狗，也很快就被淘汰。很有价值观但没有业绩的小白兔，会有培训、轮岗等机会去加入"牛群"，但是不成功也是会被淘汰的。有一批很特别的就是野狗，他们业绩非常好，但是价值观（游戏规则）不合格，也属被淘汰之列。因为价值观只是游戏规则，这些业绩非常好但不符合阿里游戏规则的员工离开阿里之后去别的公司，很可能就是别的公司的明星。

"独孤九剑"这一套价值观（游戏规则），我们用了4年，就在第四年年底之前，我们请了300多位同学代表，去开了一个大型的"焦点访谈会"，讨论"独孤九剑"的优化。这个焦点访谈会开了一整天，300多人就在一个勉强可以把他们都装下的会议室，兴高采烈地讨论这一套游戏规则的发展方向。也是因为这300多位同学是从公司各个部门过来的，所以他们的观点比较全面地代表公司各位同学在这方面的想法。一天过后，我们优化的结果如图3-4所示。

结果，九剑变成六剑，就顺理成章把标题改为"六脉神剑"。"客户第一"这条价值观（游戏规则）继续排在前面。在公司层面，支持"客户第一"的价值观（游戏规则）就是"团队协作"和"拥抱变化"。而在员工层面，支持"客户第一"的价值观（游戏规则）的有三个，分别为"激情""诚信""敬业"。

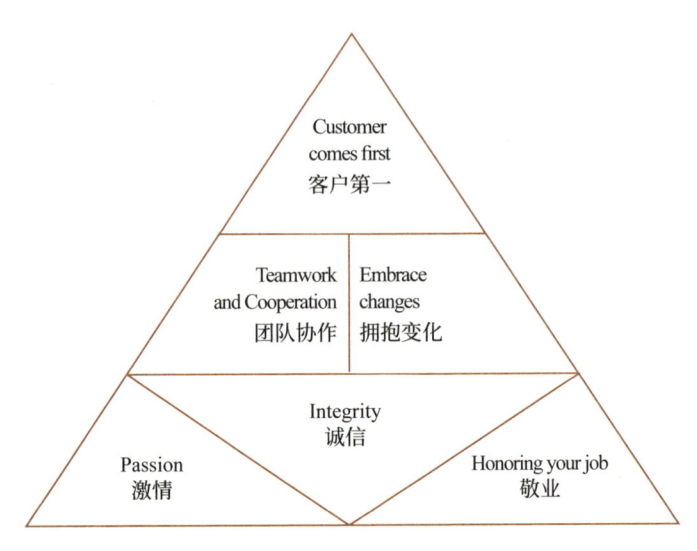

图3-4 阿里巴巴价值观之"六脉神剑"（2005）

这个"六脉神剑"我们一直沿用到2019年，之后又开了多次员工大会，收集了更多同学的意见，然后优化成以下的"新六脉神剑"。如图3-5所示。

可以很清楚地看到，"新六脉神剑"更加口语化，而且非常鲜明。你只要看上5分钟，就可以把它记清楚。

在"新六脉神剑"中，"客户第一"不变，但做了更清晰的注

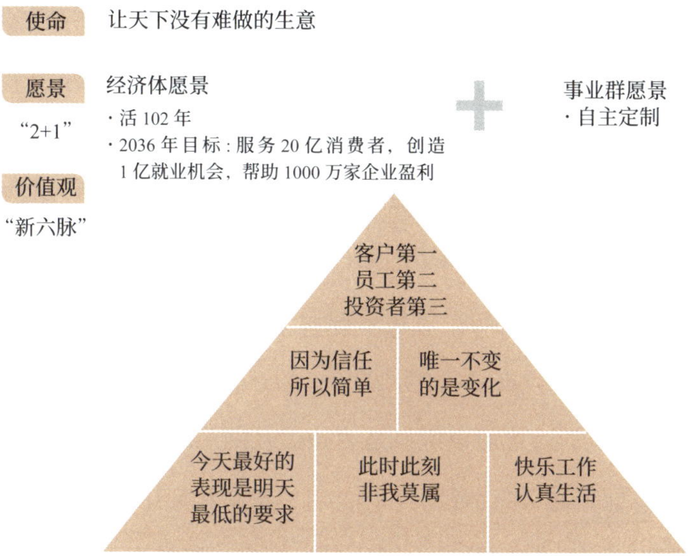

| 使命 | 让天下没有难做的生意 |

| 愿景 | 经济体愿景 | + | 事业群愿景 |
"2+1" | ·活102年 | | ·自主定制
| | ·2036年目标：服务20亿消费者，创造1亿就业机会，帮助1000万家企业盈利 | | |

价值观
"新六脉"

```
              客户第一
              员工第二
              投资者第三
         因为信任      唯一不变
         所以简单      的是变化
   今天最好的    此时此刻    快乐工作
   表现是明天    非我莫属    认真生活
   最低的要求
```

图 3-5　阿里巴巴价值观之"新六脉神剑"

解，也就是，员工第二，投资者第三。非常口语化地说明了各项优先级，客户是第一优先级，因为客户是衣食父母，员工是第二优先级，因为员工直接服务客户，投资人是第三的优先级，这也不言而喻。有趣的是，在公司层面，拥抱变化变成了比较口语化的"唯一不变的是变化"。而"团队协作"被优化成"因为信任，所以简单"。这一句来源于当年支付宝创建时的标语。

在个人层面，当初阿里创建的时候用来凝聚大家的不知克服多少困难的说法"此时此刻，非我莫属"被选上了。另外一个也是有深厚阿里精神，并描述我们每天生活的一句话，就是"快乐工作，认真生活"，也就是说阿里人是干什么来的。最后一句话，也是我当年常常用的那一句话，就是"今天最好的表现是明天最低的要求"。这句话源自"独孤九剑"中"质量"的两个定义之一，就是"客户满意"和"今天最好的表现是明天最低的要求"，也可以说，是"独孤九剑"的半剑，也是唯一我从外面带进来的小元素，因为容易理解和应用比较深入各位同学的意识，所以被选上了。对我来讲，这是天大的肯定，更是非常的惊喜。

还有比较重要的一点，就是价值观（游戏规则）除了必须有非常清晰的行为界定，还必须有很清晰的高压线。就是说，某些大家公认的行为，属于绝对不能发生的行为。一旦发生的话，就会碰到高压线，那个时候不管你是谁，都不能逃脱惩罚。当然，这个需要公司里面预先讲得十分清楚，而且是大家都公认的最重大违反公司游戏规则的行为。比如销售抢单、飞单或诈骗、行贿等，都可能是其中的不良行为。建立高压线的好处就是没有意外，也没有太大争论的余地。但是，要是执行不力，就可能有员工认为不公平，这或许是价值观（游戏规则）重要性的反面效果。

以上用阿里巴巴的案例，描述了企业文化作为游戏规则，如何在员工培训、行为界定、绩效考核等各个主要环节发挥作用。

初创企业文化建设的误区

不是每个企业都像阿里巴巴那么顺利,很多企业对文化建设有很多误解,以为企业文化就是纸上谈兵,墙上高调。而一些务实的创业者,也希望把企业文化变成一种精神力量或者企业传承的精神内核,却苦于找不到好的方法。其实,避免以下四种误区,企业文化作为游戏规则的落地效果就能好得多。

1. 只有情怀,没有文化;
2. 有文化,但没有分享给团队;
3. 没有把文化变成行为;

4.没有把行为变成绩效考核指标。

下面来具体阐释。

误区之一：只有情怀，没有文化

在创业过程中，有一个误区是说："我刚创业，忙着活下去，有建立企业文化的必要吗？"这个问题暗含的前提假设就是，企业文化价值观（游戏规则）是大公司或是步入正轨的公司的事情，在初创期，企业文化还是一个奢侈品。但实在很关键的是，企业文化价值观（游戏规则）是说明你的使命（我为谁解决什么问题），而你的价值观（游戏规则）是用什么行为去保证你能做到这件事。这个步骤不就是你在创业旅程中天天在做的事吗？没有错，使命和有关价值观（游戏规则）在创业之初不一定很清晰地浮现出来，但这并不等于不重要。

有一些只有情怀，而没有把文化、价值观（游戏规则）弄清楚的企业，实际上也是没有把他们为谁解决什么重要问题说清楚。

更不要说怎么去做这件事。所以很多时候,很难聚焦。

比如前面说到的那位设计师出身的创业者,对中国传统文化的传承非常热衷和投入,也坚持把一些可能消失的手工艺工匠在她的创业公司保护起来。她的创业公司到今天还未赚钱,这是一个很高尚的志向,但是如果没有适当的产品和付费的目标客户,没有经济模式和商业模式的推动,她的公司会很难持续发展。

在这方面,在意大利有一个类似的案例,但是最终非常成功,值得给大家分享。

案例6:不仅要有情怀,做企业还要有明确的游戏规则

在意大利东南部的普利亚大区(Puglia)有一个近海的地方,盛产石灰石质大理石,在历史上有手工处理这些石头去建殿堂的手艺(不需要用水泥),这种手艺也是联合国教科文组织认定的世界文化遗产之一,但是后来逐渐式微,掌握这种手艺的工匠一度所剩不多。因为现代建筑物都已经不需要这种工艺,这些工匠以及他们处理石灰石质大理石的手艺,恐怕也会被湮没。此时有一个非常有远见的房地产开发商,有见及此,他非常希望能保留这些工匠并传承他们的手艺。于是他就找到了一个商业模式,去做这件事。

他在普利亚大区买了一个山头，开发豪华独栋别墅，每个别墅都占地好几亩，且种上了当地盛产的橄榄树。别墅有一个基础设计，但他们也为买家提供量身定做别墅设计的服务，并推荐选用这些快要失传的石灰石质大理石手艺去建造其中的部分特色建筑，比如庭院、游泳池、休闲生活区等。这项增值服务，很快就变成了该项目的特色，吸引了不少买家去选购，同时提供了很多机会，让那些工匠忙得不亦乐乎。

开发商更是利用这个机会，去开了一个石灰石质大理石工艺学院，招了一批年轻的学徒。一方面跟工匠师傅学工艺，一方面也可以协助工匠师傅们去修建这些特色建筑。因为这个豪华独栋别墅的开发有数十个单位参与，所以工作量也不小。这种本来已快消失的石灰石质大理石工艺工匠也有了体面的工作和收入，而他们的手艺通过学院的学徒制度，也得以传承。将来是否可以长久传承言之过早，至少一时三刻不会中断。

误区之二：有文化，但没有分享给团队

在很多公司，尤其是创业公司，企业文化通常就是老板的文化，这种企业文化通常没有被记录下来，也鲜有清楚的定义和分享。结果往往是，老板的行为体现了这个企业的文化。但是，因为没有清晰的定义和分享，员工通常是在不明不白的情

况下，去猜测和揣摩老板的心态。结果会比较不理想，也更不要指望企业文化帮助老板凝聚所有员工，降低管理成本和发挥团队的力量了。

这样的情况更多发生在一些科技创新型企业，或者说智力密集型企业的创始人身上。这些创始人通常都有一些优秀的思维方式或者行为习惯帮助他们获得初步的成功，比如说做客户调研的时候非常严谨，所做的研发笔记非常严谨，沟通的时候就非常直接和清晰。他们本身可以做到崇尚以客户为中心的严谨周全、简单坦诚。但老板取得了初步成功以后，团队要招兵买马，如何能使新人也"整齐划一"地跟管理者心往一处想呢？创始人身上这些优秀的品格和习惯，其实都是企业文化的种子，如果没有经过梳理进而清晰地记录下来，就不能明确地分享给队伍，甚为可惜。

误区之三：没有把文化变成行为

也有一些企业，喜欢把文化挂在公司的墙上，但是好像不起什么作用。

记得当年，因为工作，我访问过很多中小企的工厂，也见过很多这种标语。其中，有一条标语让我特别印象深刻，就是"今天工作不努力，明天努力找工作"。除了引起看客会心一笑，实际能起什么作用，着实是见仁见智的事。我的经验告诉我，喜欢把公司文化写在墙上的公司，如果你进到里面却没感觉到企业文化的气息和扑面而来的能量和气势，这些公司大概率都是没有把文化变成行为的。

企业文化变成行为的好处，就是有个准则去影响所有员工。要是大家都这样做的话，这种行为就会变成一个集体行为，天天影响在公司工作的每一位员工，潜移默化之下，变成了每位员工的指南针。这样，他们在碰到不确定性和困难的时候，最起码不会迷路和走弯路。在此分享一个我亲身经历的案例。

案例 7：什么是 GE（通用电气）公司最宝贵的财富

2001 年，GE 公司杰克·韦尔奇的接班人伊梅尔特访问中国。在北京上了中央电视台的《对话》节目，我也有幸被邀参加并列观众席。

当时印象比较深的就是，有一位观众问他："GE 最宝贵的是什么？"

伊梅尔特先生说："已经在你进来的时候送到你手上了。"

这位观众打趣地说："就是你的名片吗？"大家哄堂大笑之后，伊梅尔特先生非常严肃地说：

"是我们公司的价值观卡。我们每位 GE 员工都有一张，而且都要遵守价值观卡上面的行为规则。GE 公司有 30 多万员工，在全球超过 200 个国家和地区都有办公室和我们的生意。我是不知道，这 30 多万员工每天在做什么，但是我可以非常之有信心地告诉你，当他们碰上困难或是不恰当的要求，比如说行贿的要求时，无论他们身在何地，他们的反应都会是一样的拒绝。"

所以，在伊梅尔特先生的认知中，每一位 GE 公司的员工心中都存在价值观（游戏规则）这个指南针。不然的话，伊梅尔特先生是不可能有这样的信心说出刚才的一番话的。

文化一定是"行"出来的，不是"喊"出来的。一条文化价值观只有真正表现在行为上，所谓"拿脚投票"，才能最终形成企业可以传承的精神内核。

我亲历的还有一家迅猛发展的互联网服务平台，从事"到家服务"，如到家的理疗、老人的护理、烹饪、保洁等，主张给万千家庭带来舒心生活。由于是平台模式，他们一方面整合了大量的服务者资源，一方面通过互联网广泛接触终端消费者。公司通过群策群力的文化梳理，总结了他们前期创业成功的经验，认为值得传承和发扬光大的一条价值观是"消费者第一"。在日常工作中，最直接的、公司级别的行为就是：如果平台的服务者和消费者发生了对服务质量的分歧，公司选择首先保证消费者利益，无理由退款或重做。这种切实重视消费者利益的直接行为，广泛赢得了客户的信赖，生意源源不断，也吸引了更多的服务者。

在内部讨论这条价值观行为规则的时候，一些支持性部门，如财务、HR、培训部，就问：我们不直接在业务一线，我们的日常工作离消费者有点远，如何体现"消费者第一"呢？于是，这就衍生出了一个很好的替代问题：在我们的职责里，能做点什么为"消费者第一"做出贡献？关注点对了，对行为的讨论就对了，行为对了，文化就成了。

支持部门在这个关注点指引之下，贡献了非常精彩的本岗位价值观行为规范的讨论，比如：培训部如何通过消费者反馈回来的优秀案例，对经验进行萃取和流程化，不断优化技师的技能和服务质量；人力资源部如何招聘到对目标客户有敏锐洞察力的客服人员，不仅做服务，还能不断从客服的细节中优化服务体验；财务部门如何做好数据挖掘，设计好"消费者无理由退费"的相关补贴政策；等等。

大家通过结合本职工作的价值观行为讨论，自己定规则自己去践行，将"消费者第一"深入地贯彻到每个人的思想意识里，再通过考核约束和激励每个人的行为。

误区之四：没有把行为变成绩效考核指标

把文化变成行为，且达到每位员工有一个文化价值观（游戏规则）的指南针的目的，是需要做大量工作的。前面我已经描述了阿里当年在这方面的努力和付出代价的过程，把文化变成业绩，除了把文化价值观（游戏规则）量化成行为，还需要做绩效考核的工作。这样子，员工才会上心，因为这些文化价值观（游戏规则）相关的行为，是会影响他们的绩效考核乃至收入和在公司长远发展的机会的。

与文化价值观相关的行为规则能够被所有的员工去践行，最终一定会反映在经营的成绩上。在这里给大家举一个头部电子元器件供应链公司的例子。

案例 8：价值观如何驱动企业经营业绩新增长

这家电子元器件供应链公司经过 20 年的长足发展，已经进入行业前三甲，但是其 CEO 依然非常发愁：公司目前进入了平台期，怎么样可以继续保持创新？小伙伴们也不能躺在功劳簿上，要继续进步。

当他们梳理了新版本的企业文化以后，有两条重要的价值观得到了重视，一条叫教学相长，一条叫专业精进。教学相长，就是鼓励员工把自己的经验分享给同伴，做好内训师的知识管理等；专业精进，就是鼓励大家在自己专业领域内能够有破框，然后可以和临近岗位或者行业上下游有关联，能够提出更加有创意的想法，去改变生态的格局。

以前这位 CEO 觉得，像这样的一些事情经常会落在老板或者几个能干的骨干员工身上，小伙伴们似乎动静不大。他们重新梳理了价值观以后，就开始积极鼓励大家围绕这两条价值观做出成绩，并且给予了绩效考核上的加分。具体来讲，如果员工能够在自己专业岗位范围内提出好的创见，并且被公司采纳，他就可以获得公司额外的奖励。如果他可以把自己的知识和经验整理成课程分享给公司内部的小伙伴，鼓励大家更多地来听他的课，也会得到一笔象征性的课酬。虽然这些钱并不是他收入的主力,但是他确实得到了企业的认可,所以员工还是非常开心的。

经过两年的试运行,大家通过这种行为的重复做出成果。同时这些成果在绩效考核当中获得认可和加分,通过这种形式,公司收集了大量的优秀创意,并且做出了很多有突破性创新的项目。按照 CEO 的话来说,以前让大家提一个创新的想法时,一片沉寂,但是现在每到年终要报创新项目,或者在绩效考核周期中报创新项目的时候,大家都会滔滔不绝。大家在这个过程中,也看到了公司真诚的认可和自己产生创意的价值。所以这两条价值观就变成了真金白银的经营成绩。

小结

以上，我们提到了企业文化建立的几个场景，每个场景都提供了案例去丰富企业文化建立的过程。而梳理和表达企业文化不是只靠老板就能从上而下完成得了的，没有员工的参与和他们对老板的文化的了解和自己的表达，就算老板可以匆匆梳理公司的企业文化价值观（游戏规则），在执行的时候，也会碰到很大的困难。

我们在阿里巴巴早年建立企业文化的过程中也看到，在这几个阶段都不光是老板从上而下发布公司的企业文化：第一个环节，几位高层管理者一起花了一天的时间，去消化和提炼，并通过头脑风暴，让价值观（游戏规则）变成了"独孤九剑"，更清晰地浮出水面。随后，由人力资源部的主管牵头设计这些价值观（游戏规则）相应的行为，并跟公司主要主管们讨论和得到他们的认同，才开始执行下去。第二个环节是在几年之后，通过300位公司员工代表从不同的部门来参加一个一整天的焦点访谈会议，成功地将"独孤九剑"优化为"六脉神剑"，我们也非常清晰地看到，这个优化是通过300多位同学的头脑风暴实现的。价值观（游戏规则）主题没有大变，但是从9条简化到6条。在第三个环节，通过全公司员工的参与，把"六脉神剑"变成了更加口语化的"新六脉神剑"，让价值观（游戏规则）更朗朗上口。

在公司的管理过程中，我们需要业绩，但是我们也需要有效地管理拿到这些业绩的流程。实际上，业绩都是通过行为拿到的，所以我们要是能够有效地影响这些行为的话，就能做到事半功倍。

比如我曾经观察过一家很特别的高科技创业企业。这家企业的创始人最聚焦的是科技应用达到巅峰，不仅要很好地满足客户需求，还要给客户带来极致的体验，甚至是超越客户想象的体验。它的产品一上市就为自己创造了一个蓝海。当然，在国内市场，通常情况下蓝海是不可能维持太久的。没多久，就有很多竞争者来参与，把这个蓝海变成红海。

但非常特别的是，每一次在这种情况发生之前，这家创业公司总能成功地在科技应用上产生一些新突破，或者更上一层楼，并再次创造他们的蓝海。甚至有时候，他们刚推出一个版本的新产品，就可能根据用户反馈产生更好的创新，使产品升级到下一个版本，价格更实惠，用户体验更好。完全不会等到上一款产品所谓赚到盆满钵满再推出新产品，只要是用户喜欢的、需要的，或者能牢牢跟随用户兴趣和热忱的，他们都会尽快推出。按照他们拥趸的话来说："狠起来，连自己耳光都打！革起命来，连自己的命也不会放过！"这让众多竞争者在他们的红海里面继续浮浮沉沉。

这是如何做到的呢？就是他们把给用户创造极致体验当成他们的使命，把发挥人的想象力和创造力，不断追求卓越的极客精神作为他们价值观的一部分。创始人如此，创始人带领的核心团队，带领的管理层也一直如此。从上到下，他们实打实地用不断创新的行为支持了他们的使命。成功地为自己创造了一次又一次的蓝海，好像永远活在蓝海当中，并享受在蓝海营运带来的优势。实在是异术！

业绩都是为支持企业的使命（你为谁解决什么样的问题）而去做的。所以，创始人要能有效地影响这些行为去支持企业的使命。实际上，这也非常有效地让我们所有的员工凝聚在了一起，不光是个别人打拼，个别人在干活，而是同心同力去赢。这个当然也符合《孙子兵法》所说的"胜兵先胜而后求战"的道理。

第四章·机遇应对篇
潮起潮落,弄潮儿勇立潮头

曾经：抓住时代红利和塑造自己的价值红利

从阿里巴巴创业之初到今天，一晃四分之一个世纪已经过去了，创业的环境有了翻天覆地的变化。虽然.com时代之初，也有一个为时几年的寒冬，清洗了一大批.com创业者，但是之后的投资环境可以说是维持了几乎20年的大好局面。当时，有无数创业者一股脑儿地下海冒险去了，大部分人都有不同程度的成功，并都得到了或多或少的回报。

因为投资环境好，大大小小的成功项目比较多，并显而易见，所以吸引了更多的资金来这一片热土寻找机会。2000年，阿里巴巴接触了软银的孙正义，据说孙正义很喜欢这个项目，而且希望投1亿美元。最后，马云把这笔巨额投资减到两千万美元。所以我们从高盛领投的A轮（500万美元），到软银投的B轮，已经在短短不到一年之内，合计融资达到2500万美元。这是一个相当大的投资，但是在当时国内互联网相关的领域，并不罕见。

我还记得，大概是2010年那一段时间，产生了一个团购的大热潮。连美国团购鼻祖Groupon（高朋）也来中国寻找机会。在短短两三年内，团购创业项目迅速飙升到5000个，相当震撼。当时有一位青年才俊从金融行业转行，进入团购这一片大海，去创业并扬名立万。有一天，他跟我说，他拿到投资人的投资了。我在为他高兴之余，问他拿了多少钱，他说，1亿美元。我以为听得不清楚，反问他：是1亿美元估值吗？他笑着跟我说：是1亿美元现金投资。并说，项目估值是10亿美元！我好奇地问他：你为拿到这个不菲的投资，做了什么前期准备工作？他说他只给风险投资人做了一场3小时的演讲汇报，就成功拿到了投资人这么巨额的投资。这也说明了当时有多少热钱和风险投资资金蜂拥到中国市场来投资。因为大家都害怕失去机会（FOMO，Fear Of Missing Out）。

投资者害怕失去机会，创业者则太容易拿到钱，这也要警惕——很多创业者并没有接受到创业成长该有的坎坷和洗礼，以及该懂得的"艰苦创业"的道理。当时最流行的一个创业模式就是"烧钱圈地"。比如团购大战之初，竞争异常激烈，为了圈客户，很多创业公司选择大幅度补贴用户，用户甚至只需负担产品或服务原价的10%，就可以实现购买，条件就是要注册成为团购公司的会员，等等。当然，这种模式是不可能长久持续的，哪怕有大量的投资资金，最终还是需要有实在的价值主张和经济效益，以及广大目标用户的长期支持，才能实现团购这个模式的健康成长。

结果没多久，大量（数以千计）团购创业项目纷纷搁浅。笑到最后的应该是美团，经过将近10年的奋斗和艰辛发展，美团成功转型为"美好生活小帮手"，成为大众日常生活更便捷、更贴心、更省钱的服务者。2024年年底我到上海出差，发现我的个人电脑的电源线坏了，电脑没法充电，电池快要耗尽，相当彷徨。还好，我的秘书马上在美团平台上就近下了单，不到20分钟的时间，美团骑手居然就把新的电源线送到了我入住的饭店，解了我的燃眉之急。而且收费非常合理。这就是美团平台每天都在不同地方、不同领域提供给无数用户的价值，这种价值主张让他们从众多竞争对手中脱颖而出，成功笑到最后。

当年阿里的高速发展，也在很大程度上得益于国家把进出口权下放到中小企手上的决策。这个决策也成就了无数出口型中小企，它们通过 OEM/ODM 生产和出口最终助力中国成为"世界工厂"。

对外开放的政策，也让无数中小企老板下海，在各行各业里发挥创造力并建立他们在生产和产业链上的优势，进而创造了大量就业机会并成功出口创汇。阿里巴巴这种电子商务平台，也在出口领域连接出口型中小企老板和国外买家，让他们轻松地达成交易，并享受这个大环境的红利。

当下：退潮之时的真相

这种有无限的资金追捧创业项目的情况已经成为过去。现在，创业者面对的是资金的匮乏，以及投资人在非常有限的投资上特别谨慎和小心的心态。目前，比较有机会的可能只有 AI（人工智能）相关项目。但哪怕在 AI 项目的投资上，投资人也选择小心翼翼和捂紧钱袋。

另外，投资项目开花结果的速度和投资资金的回笼速度，往往直接影响投资人再投资新项目的态度和愿望。在目前的情况下，资金回笼速度是比较缓慢的，所以在一定程度上影响了新投资项目的产生。过去非常繁荣的投资生态环境，目前来看是一去难复返了。

对已经在经营的创新项目来讲，这也是一种新的大环境的改变。过去几乎所有创新项目的经营，只要在市场上扬飘升的情况之下运作，大家都会享受到一些水涨船高的便利。反观现在的大环境，是在市场整体下滑不景气的情况之下去运作，创业者面对的是截然不同的经营环境和挑战。而很少创业者有"过寒冬"的经验，所以他们才会变得手忙脚乱，不知所措。

我接触过的创业案例里，也有一些是跨越这两个时代的。也就是说，在创业的时代，碰上了资金充裕和支持"烧钱圈地"的模式，并影响了企业的运营经验和习惯。现在情况急转直下，它们遭遇了资金匮乏和凡事都要求清晰的经济效益和回报的时代，创业团队顿生"当我们有很多钱可以烧的时候，我们没有找到商业模式，但当我们找到商业模式的时候，我们已经没有钱烧了"的感叹。

在投资领域，有巴菲特的金句："Only when the tide goes out do you discover who's been swimming naked."（当潮水退去的时候，才知道谁在裸泳。）现在就是一个大潮退去的时代，没有穿泳裤的，很快就会被识别出来，并被淘汰。

未来：严峻环境下的深耕和创新

面对大洗牌的危机，我们展望未来也要比较冷静地分析和观察在"危"中有哪些"机"。因为事情从来都不是只有一边倒的利害。

还记得当时，跟很多 OEM/ODM 中小企老板打交道的时候，我常常跟他们展开讨论。他们的业务只占整个价值链里面比较小的"生产"那一部分，在不同的行业里，生产部分的占比不同，但是都不会超过 30%。在制衣行业，生产部分的占比可以小到 5%。而且生产部分的利润在整个价值链中占的比重就更小了，真的可以说是薄利多销。同时因为竞争激烈，国外的买家也可以很轻松地到处跟其他 OEM/ODM 中小企老板比价，并且每年都乐此不疲，这让中小企老板的日子很不好过。

于是我问这些中小企老板："为什么只专注生产那个价值链的小部分，而放弃渠道和品牌那些价值链的大部分？其实最终用户付的是整个价值链的钱。"我发现其中一个主要的原因是，对于当时那些中小企老板来说，那些客户和渠道都在国外市场，语言和经商环境跟中国国内有非常大的区别，所以只要生产部门还有钱赚，各位中小企老板就愿意专注在这个领域里艰苦经营。

其实要破这个局，最重要的是去了解问题的源头，也就是最终用户的需求，因为他们是付 100% 费用的人。全面了解他们的需求，使他们能够继续支持和购买自己的产品，才是破局的不二法门。各位出口型中小企老板当时也跟我说："去了解这些在外国的客户难度是非常大的。"所以他们选择不去做这件难而正确的事，但这并不能掩盖了解最终用户、洞察用户需求的重要性和潜在的价值。

在《关乎天下 2》这本书里，我也提供了一位深圳 MP3 生产企业老板当年排除万难，特意去德国行业展览会了解最终用户的案例。这位老板得到三个有关最终用户的重要洞察：他们很年轻，他们很喜欢时尚，他们没有很多钱。带着这三个洞察回到深圳，老板马上改变光生产跟别人一样的 MP3 的商业模式，而做了一个重要的增值设计，就是把他生产的 MP3 的外观彻底改变，去迎合他了解的最终用户的需求，给他们提供付得起的时尚。结果，这家企业走出了困境，业绩大大增长。详情请参看《关乎天下 2》。

现在的中国消费者，经过市场的多年发展和财富累积，对产品和服务的要求以及自身的支付能力，与之前已不可同日而语。各位中小企老板也应该没有更多的借口，不去发现、关注和了解这个就在我们家门口的庞大消费市场。实际上，我们在这个消费市场上是应该占有优势的，因为这个就是我们的本土市场。我们只要能够全面了解本土市场的消费者需求，就可以在满足这些需求的价值链上更占优势，就可以逐步利用我们水平、质量、效率和性价比都比较高的生产环节去开发新的产品，通过渠道和品牌的建立，全面占领相关价值链的 100%。

不再被动地在出口市场上只提供占价值链少数的 OEM/ODM 的生产服务，为他人作嫁衣裳。

要达到生产和价值链质量比较高的全面服务，各位中小企老板就需要花工夫去了解最终用户的需求，并开发差异化的新产品/服务，建立渠道和品牌，去攻占国内消费市场。这当然不是一件容易的事，但是历史上发展起来的国家大都经历了这个过程。其实，随着中国人生活水平的提高，大家对美好生活的需求越来越多样化、精细化，只要你用心去了解最终用户，一定会找到创新的切入点。

案例 9：对客户需求的精细探查和不断满足造就新的增长

在义乌有一家衬衫制造企业，老板是夫妇俩，他们面临着制衣行业利润越来越薄的发展局面，他们是怎么办的呢？

首先，他们细分人群，主要定位于中老年和职场商务人士，年轻人喜欢的那种个性休闲的、阔版的，就不是他们的产品定位了。

然后，他们细分场景。比如针对一些社交场合，如婚宴或者其他酒席宴请等，他们开发了一款防水、防油和防污的三防衬衫，万一不小心被茶饮酒水飞溅，不挂水、不进水，帮用户完美保持风度。他们还开发了三防鹅绒衬衫，里面填充的是 90% 的鹅绒。秋冬的天气里，肯定要穿个外套，里面再穿个羊毛衫就显得臃肿，此时这个保暖衬衫就能完美取代羊毛衫，保暖又有型。再比如说，现在很多男士不想穿衬衫，为什么呢？因为衬衫给人的束缚感太强，于是他们就开发了一种针织弹力衬衫，弹力很大，穿上以后打高夫球都没问题。所有这些创新，他们都是全网第一款，开辟了蓝海以后，稳稳地占据市场第一。

最后，他们保证品质。以上一切创新的本质，还是产品品质。每次他们有了创新之后，后来者也呼啦啦跟上，产品甚至比他们的便宜很多，但客户还是会找他们购买——因为品质好。这个摸爬滚打 30 年的企业，虽然正在经历市场下行的痛苦，但多年积累的对产品的深度认知和研发实力，必然会给细分需求的创新打下坚实的基础。

就这样，通过对客户需求的精细探查和不断满足，再结合现在风起云涌的短视频和直播带货直达消费者，他们把公司的新品牌，标志着场景化衬衫的品牌推向了市场，并取得了令人惊喜的发展成就。

类似这样的创新机会，我相信一定会在中国市场层出不穷。希望各位中小企老板不要错过这个难逢的机遇。

浅谈品牌：穿越周期的抓手

跟好多 OEM 的老板讨论创新机会的时候，我发现他们都对品牌的建立有所顾虑，说这个不是他们的强项。所以，过去有机会在海外建立品牌的时候，敢于投入进去的老板，可以说是凤毛麟角。这个也是可以理解的，因为我们面对的目标客户是海外客户，有不同语言、文化和对价值主张的要求。现在面对国内如此巨大的潜力市场，应该没有借口不去了解在各个细分市场里，我们的目标客户对于细分产品/服务的价值主张的需求。所以我抛砖引玉，在此浅谈一下品牌的建立，因为品牌是企业穿越周期的抓手。

那么，品牌是什么？

简而言之，品牌就是第一提及率（TOP OF MIND）。

就是说，当用户产生某种需求时，他们第一个想到的是哪个产品／服务，那就代表这个产品／服务是拥有品牌效应的，说明这个品牌在他们脑海里占了一席之地。而在我们的大脑里，某一个价值主张范围里并没有太多的席位。比如，提到香水时，香水的用户通常都会想到他／她们最喜欢的牌子。这就让那些占领了他们脑海里第一提及率席位的牌子，牢牢地建立了品牌的壁垒，这也是消费者品牌忠诚度的由来。

但是如何建品牌呢？这是一门非常不简单的学问。简单来讲，当目标客户有需求时，产品／服务提供者必须了解他们提供的价值主张是否可以满足这个需求，如图4-1所示。

```
目标客户              你

    ◎           ⬅

   需求         你的价值主张
```

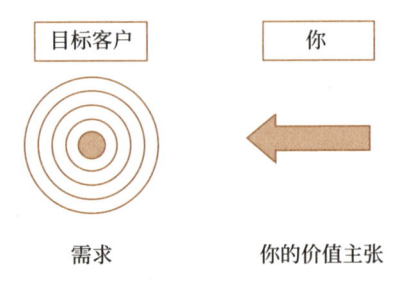

图 4-1 提供有效的价值主张满足目标客户需求

没有经过充分了解而盲目给客户提供你以为的价值主张（产品/服务），就只是在拍脑袋和碰运气。关键的是，你必须充分了解目标客户的需求，从而提供可以满足他们需求的价值主张。这样子，你才会成功。如图4-2。

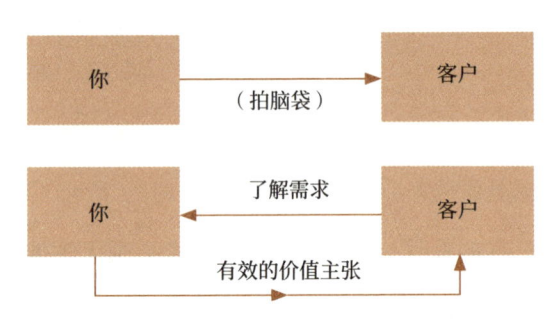

```
  你  ——（拍脑袋）——>  客户

  你  <——了解需求——   客户
   └———有效的价值主张———↑
```

图 4-2 有效的价值主张的提出基于对客户的准确洞察

很多时候，客户的需求不一定是很明显的，这方面，我有过一次亲身经历。

20世纪70年代，麦当劳在香港的第一家餐厅开业了，刚好在我办公楼的楼下。开业当天，我的女儿（当年只有两三岁）很兴奋地告诉我，她要去吃麦当劳。我很意外她怎么知道这件事，但还是抱着她去光顾了办公室楼下刚开张的麦当劳。现场人山人海，队伍排得围着这个办公楼绕了几个圈。我也没办法，只好抱着小女儿乖乖排队。终于轮到我，买了一份，到旁边给女儿吃。

但女儿没有去碰麦当劳的汉堡包，而是立马打开了那个赠送的礼品袋，然后嘟着嘴说，"不是这个颜色"。我很好奇地看了看，原来开业赠送的礼品是她喜欢的史努比玩具。我于是马上跑去问服务员，有多少种不同颜色的史努比礼品赠送。她笑着跟我说，有5种。我就求她，能不能不要让我再排一次队，我要给女儿买足5份麦当劳，把5种颜色全都拿到手。非常感谢这个服务员，她很好地满足了我的要求。

结果女儿很开心，捡了她喜欢的史努比玩具回家去了。所以，我当时的领悟就是，麦当劳在香港开张之前所发的广告，肯定影响了我女儿的选择，而我女儿要的不是麦当劳汉堡包这个食物,反而是赠送的史努比玩具(当时在与她同龄的小孩子之中,史努比是非常受欢迎的玩具形象)。所以我知道,麦当劳的目标客户是小孩,通过赠送史努比玩具激发了他们的需求,让麦当劳变成了这个需求领域中的第一提及率品牌,孩子的父母当然只好乖乖买单。

客户购买习惯和品牌忠诚度培育的过程,往往需要经过漫长的努力。如图4-3。

第一步,品牌认知。就是在企业的价值主张范围内,品牌与目标客户有清晰的沟通并对其进行相关概念的灌输,灌输的是品牌对目标客户提供的价值主张承诺。

第二步,产品试用。在低壁垒的情况下,让目标客户尝试我们的产品,并把对产品的满意度与我们的价值主张相关概念联系起来。在这方面,我们观察到好多化妆品企业免费赠送小样产品的做法,就是鼓励潜在目标客户去多多试用。

第三步,产品购买。产品试用过后很关键的一个环节就是,让目标客户了解这个产品概念/价值主张的提供和价格的链接之后，感到满意，并产生购买行为。

第四步，重复购买。目标客户第一次购买之后，对产品有比较高的满意度，实现重复购买。

第五步，习惯购买。经过前面的几个环节，客户已经离不开这个产品，并形成购买习惯。这样，我们的品牌价值得以形成，并达到成为第一提及率品牌的阶段。

品牌认知（与目标客户有清晰的沟通、相关概念的灌输：承诺）

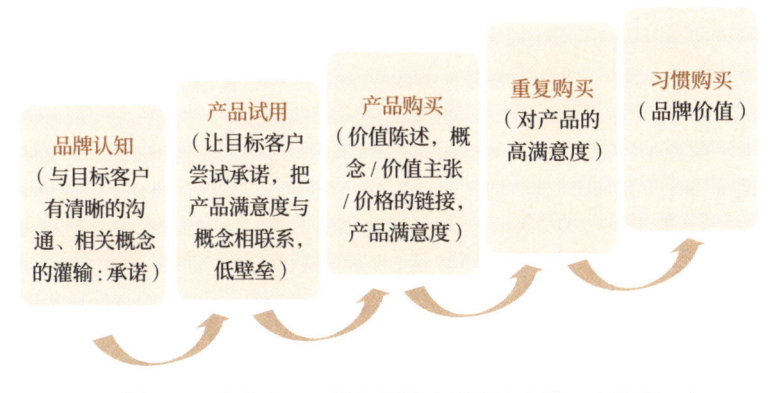

产品试用（让目标客户尝试承诺，把产品满意度与概念相联系，低壁垒）

产品购买（价值陈述，概念/价值主张/价格的链接，产品满意度）

重复购买（对产品的高满意度）

习惯购买（品牌价值）

图 4-3　客户购买习惯和品牌忠诚度培育的五个阶段

在品牌建设上，有一个需要大家注意的误区，就是以为品牌只是通过做广告就可以建立起来。做广告能带来产品销售量是没有错，但如果没有进行客户购买习惯和品牌忠诚度的培育，只要你停止做广告，销售量可能马上就下降。当年国内就有秦池酒通过在电视上大做广告拿到短期高业绩的案例，但它忽略了品牌建立的步骤和过程，最后很可惜，因为没有足够的利润和资金继续做广告，只能沦为当年有名的"大败局"的案例。

危机应对要点

那么,面对当下截然不同的投资和运营环境该怎么办?以我"过寒冬"的经验,首先需要冷静,千万不要贸然反应,自乱阵脚。当身处危机时,有几个要点。

首先,活下去

还记得当年,我到阿里的时候,马云同学告诉我,我们很有钱!有1000万,他还强调是美元!蔡崇信马上告诉我,我们烧钱率也很高。我第一次听"烧钱率"这个名词,就问什么是烧钱率,他告诉我,烧钱率高就是很优雅地说"你不赚钱"。

那我问:"有多高的烧钱率?"他说,每个月接近200万,并强调,是美元!我一下子蒙了,因为这就等于说我们实际上只有5个月的命。而且据我对商业实战的经验,我相信投资人不会坐视我们把钱全烧光。所以,我们可能只有一点点时间去改变这个局面。

我们马上讨论如何把烧钱率降低,答案显而易见,就是需要"杀人放火"。而且我是最佳人员,因为我们的精英团队都是冲着马云、蔡崇信和吴炯过来的,而我跟他们完全不认识,又是新人,所以责无旁贷地挑起这个任务。

但是裁员,也必须有策略,不然的话,我们不知道最终场景如何。马云同学就很快提出了三个"B to C":回到中国(Back to China)、回到沿海(Back to Coast)、回到中央(Back to Center)。也就是说,根据这个策略,我们选择在中国市场背水一战。那么其他非中国市场沿海的组织,就可以干掉了。因为有这么清晰的策略和"操刀人",我们很快就把当时全球的360多位员工,裁减到在中国沿海五省二市的150位员工,并以杭州为中心。所有的重组行为都在2001年1月31日之前搞定，从而成功地把烧钱率从每个月接近 200 万美元降低到 50 万美元。花了 100 万美元遣散费后，我们用剩下的 900 万美元，成功地换来 18 个月的跑道。

了解到大环境的突变之后，我们冷静地应对并拿出了有效的策略和执行方案，最后在一个月内完成"杀人放火"的任务，为企业换来了 18 个月的跑道，保证了我们不会马上死。

同时，聚焦关键

但是，一时三刻不死，并不等于说你已经走出险境。更关键的是，你要找到一个经济模式和可以规模化的商业模式，让你发展壮大，建立自己的生态环境，并在竞争者中脱颖而出。这个时候，聚焦是很重要的，因为你什么都干，很多时候就等于什么都干不成。当你只有 18 个月的跑道和那一点点让你可以苟延生命的资金时，你也不一定有足够的条件同时去试好几个产品，看看哪一个是"真命天子"。当年，阿里也有一个公司价值观（游戏规则）的重要决定，就是"不行贿"。这个决定（见前面第一章所详述）大大聚焦了我们选择的空间，在几个月之内把不合决定或竞争力不足的产品，全部取消掉。最后我们只剩下"中国供应商"这一个产品。因为聚焦，所以我们也很快明白了要打好这个产品，我们的目标客户不是出口型中小企，而是这些出口型中小企的"老板"，因为他们不会接受行贿的动作。

通过对唯一剩下来的产品的聚焦，我们在2001年12月的时候实现了一个很重要的里程碑，就是有了几万美元的正现金流。这让我们和我们的投资人比较有信心进入2002年。因为我们必须在当年年中达到收支平衡，不然的话，我们剩下的900万美元也会烧光，没有更多的投资就可能会功亏一篑，终生饮恨。有鉴于此，我们也成功地融了第三轮的500万美元，以防万一。这个FU2轮的故事，已经详细地在第一章中描述过，在此不赘述。

此一时彼一时，理性对待融资

说到FU2轮的故事，也让我想起当年有一个创业者，在北京创办了学英文的项目，非常受家长们的欢迎。因为项目跟美国著名大学挂钩，创始人也为自己的项目感到非常自豪，并对愿意投资这个项目的风险投资人有很严格的筛选条件。当时有风险投资人愿意投75万美元，换取15%的股权，他表示非常不愿意，结果告吹。

时移事易，过了一段时间，这个项目很缺资金，创始人跑去找之前那位投资人，邀请他投75万美元并愿意给他当时要求的15%的股权。但是因为主动权现在已经落在风险投资人手上，风险投资人提出75万美元的要价要换取是之前的好几倍的股权，这让创始人进退维艰。

故事告诉我们，很多时候变化来得很快，如果有机会在合理的情况之下拿到投资，不要嗤之以鼻而要好好考虑，理性思考，因为没有人会希望落到这位创始人所面对的困境中。

当下的环境里，积极获得融资是一条可以选择的路径。过去几年，我也受邀参加了阿里巴巴香港创业者基金（AEF），任非执行董事。这个基金成立的起源，是2016年马云同学跟多位香港年轻人对话的时候挑战他们，问为什么香港没有产生一些像阿里巴巴这样的创业公司。最后，他们的答案就是：因为没有投资人对香港的市场有兴趣。所以，阿里巴巴就率先投了 10 亿港币，成立了阿里巴巴香港创业者基金，目的是支持香港创业的生态环境，并鼓励以香港为中心的创业者踊跃投身和开发初创项目。为了保证投资的专业性，我们也跟专业风险投资公司合作，由它们采用市场的筛选规矩去引进合格的初创项目，由我们来进行投资。这七八年来，这个基金已经衍生到 AEF1 和 AEF 大湾区基金。目前，创投的总项目已经高达 80 项，总投资额超过 1 亿美元。

务必，开诚布公地与团队沟通

首先，活下去是大家共同的事。

千万要记住，面对困难冷静应对和采取果断的行为去保证公司活下去不光是创始人的事，而是全体员工的事。这个需要开诚布公的沟通，让所有的员工知道，我们现在处于生死存亡的关头，需要背水一战，更需要大家全力支持。

"杀人放火"有一个非常重要的前提，就是这个动作不是为了离开的人，而是为了留下来的人。他们一方面要明白为什么他们留下来，更要明白为了公司的生存，大家需要做些什么。所以当时在阿里我们每个月都有一次员工大会，因为员工不多，所以员工大会在一个会议厅就可以举行。通常都是马云同学先讲我们的方向，然后由我来给大家分享我们这个月主要的数据和达到的里程碑。这样子，所有的员工都非常了解公司的情况，了解我们的成绩和发展方向。这种开放和分享也能让公司员工知道公司非常重视他们，从而大大提高了凝聚力。尤其在面对危机的时候，对提升员工的士气很有帮助。

其次，分享坏消息也是凝聚力。

创业的道路是充满艰辛的，无论是产品验证上的挫折，过程中一些产品定位的转向，还是规模化中的缺漏，都有可能集中表现为最痛苦的局面：没钱了！

我刚才跟大家分享了融资的时机、融资和面对估值时应该有的心态。在我辅导过的企业里，也有创业者对拿钱这件事情有很书生意气的看法，走了另外一个极端——但凡需要钱，但凡有挫折，就要自己扛。

我曾经辅导过一个老阿里人创业，以他在阿里拿到的期权股票，如果保留到现在，不创业，不折腾，什么都不做的话，他就是一个过得很好的小富翁了。而他选择把这笔钱全都用在创业上，几次危机，他为了事业不仅搭上了自己所有的阿里期权股票，甚至还卖掉了自己的大房子，换了一套小房子。虽然担当精神可嘉，但实际上这样的做法并不可取。

遇到危机的时候，没钱了只是一个具体表现，其背后是你这份事业一定存在问题。比如：你是否有清晰的目标客户、精准的价值主张？你是否有合理的、有辨识度的产品表达？你的优势是否得到了发挥？你规模化的要素是否都齐备而且已做到位？你的团队是否能打？你是否有合适的将帅和一往无前的伙伴？就算做错了一些事情，有没有总结教训？做对的事情，有没有总结规律？

没有钱的时候，其实是理性系统地反思这些问题的时候。同时，创始人的智慧和心力也是有局限性的，这些问题，也应该分享给自己的团队。

这位创始人在几次面临危机的时候，都选择了拿自己的钱渡过难关。因为害怕团队成员失去信心，也体恤和他一起创业的小伙伴本身也并不是很有钱，所以他就自己默默扛下了一切。

实际上创业就是要团队共进退，好消息要分享，坏消息更要分享，因为面对坏消息时，可以体现出你的创业团队是不是信任你的愿景、使命，跟你一条心，或者，他们是不是有足够的意志力共同坚持创业。甚至，他们是不是可以给你提供一些不同角度的洞察，大家共同分析问题，解决问题。

人的价值观就是在面临选择的时候才能更加清楚地显现，所以这也是一个梳理团队的过程。大浪淘沙，在这个过程当中掉队的，也不是说他们不好，而是说你需要尽快让大家集中自己当前人生阶段的主要精力。要么一起向前共担当，要么分道扬镳互相祝福，这无可厚非！这也是创始人淬炼自己背靠背团队的过程。

后来，我鼓励这位创始人在遇到危机的时候，尝试着与团队分享自己的困境，他发现他的团队成员，有的很有思路和资源帮助解决问题，有的也更愿意付出和学习，帮他担当。经过危机，最起码大家更团结，心更近了。

所以，分享坏消息，不是把自己立于危墙的做法，恰恰是一个凝聚队伍、重新审视、重新出发的转折点，一定要抓住这个机会。

前面和大家分享的阿里 FU2 融资，其实也是没钱时面对的一个危机，最后我们 4 个 "O" 凑好的这 100 万美元，既反映了我们的信心，也坚定了我们的决心，同时也让投资人看到了一个团结的核心领袖团队。

最终，定一个切实可行、人人都能贡献的目标

越是遭遇危机，越要从实际入手，定一个切实可行、人人都能为之做出贡献的目标。

案例10:"赚一块钱"的故事:制定具象化目标,让每个人都可以贡献

在阿里巴巴发展初期,我们从面对灭顶的危机(烧钱率很高,5个月就会烧完),成功地通过重大的策略改变(回到中国,回到沿海,回到中央)和组织结构的"乾坤大挪移"("杀人放火"),争取到了18个月的跑道,得以喘了一口气。基于企业"不行贿"的价值观(游戏规则),开展了大幅度削减产品的行动,成功地聚焦在"中国供应商"一个产品,开始向收支平衡的目标迈进。

2001年年末,我跟马云同学爬上杭州的玉皇山,在山顶的庙里开了一个讨论收支平衡的策略会议。记得当时马云同学带了一大包瓜子,我们在庙里只点了两杯龙井茶,就讨论了几乎一整天,也没有在庙里点其他的东西,只是吃马云带来的瓜子。而那两杯龙井茶,在不停加水的情况下,已经变得跟西湖水没有太大区别。最后,我们都同意我们必须要在2002年通过我们唯一的产品——帮助中国出口型中小企出口的"中国供应商"达到收支平衡,并赚钱养活自己。

记得当时马云同学跟我说,告诉我们的同学们收支平衡和赚钱不一定管用,要是告诉他们要赚多少钱才会收支平衡,更会让他们迷茫。因为我在GE习惯说的赚钱,是以百万美元计的。如果这样子说,会让阿里每个月赚两三千元人民币的同学们非常迷茫。

最后,马云同学说,我们要告诉大家,我们2002年的目标就是"赚一块钱"!这个就是马云同学让我佩服得五体投地的其中一件事,因

为就这一句话，把我们整个公司需要收支平衡的目标，变成了每位同学都可以理解、可以有贡献、有影响，并充满希望的目标。这句话就是：为公司赚一块钱。一线的同学很清晰地知道，多拿一块钱的业绩，可能就是帮公司达到目标的关键。而其他的同学（包括中台和后台），都可以通过省一块钱，来帮公司实现目标。

记得，那年七八月份的时候，我们苏州的区域经理干嘉伟同学，兴冲冲地从苏州打的（我们当时的政策是一线员工完全没有差旅费报销之说，所以这笔不菲的出租车费要他个人自付），拿着好几万元人民币现款（当时苏州的一线团队签单的收入），去财务递交，要保证这笔钱在我们规定的每月最后一个星期五5点半之前入账。当时，阿干很自豪地告诉我和马云同学：这"赚一块钱"的目标，肯定是苏州区域的同学搞定的！

小结

这一章和大家讲了机遇应对的问题。其实创业和发展，就像弄潮儿冲浪驭浪一样，首先你如果有幸赶上时代大潮，那再好不过，当然要牢牢抓住。但是，无论在退潮还是经历大风浪时，最重要的还是创业者要有"胜兵先胜"的核心竞争力。

随着时代的发展和国内市场的多元化，创业者在"胜兵先胜"的价值链构造上拥有了更多的机会，各位创始人和企业主需要花工夫去了解最终用户的需求，并开发差异化的新产品/服务，建立渠道和品牌，去攻占国内消费市场。这方面的例子越来越多，国内短视频和直播的兴起，无疑对构建品牌和"客户的第一提及率"也带来了很多创意。

这一节,我也用当年在阿里的例子给大家梳理了一下危机应对的五部曲:当机立断"不要死",聚焦关键,理性融资,坦诚沟通,以终为始定一个切实可行、人人都能贡献的目标。虽然每个创业者的危机可能会不一样,但是这五个关键动作,却都是一样的。差别在于你是不是真的能做到。与大家共勉。

第五章·个人修养篇
人间正道是沧桑

"玩命" vs "玩票"

我常说,创业是一个特别个人化的大事。这是一个"玩命"的事,搞不好很可能倾家荡产,都不一定有机会翻身,不一定能东山再起。所以,这绝对不是一个"玩票"的事。

有很多"疑似创业者",往往因为一时的冲动,得到什么让自己非常得意或过瘾的题目,就错以为这是千载难逢的创业机会。前面我已经讲过一对年轻夫妇在这方面的误区的案例。而我也给他们提出了不少让他们重新检视自己对创业的冲动和非常天真的认知的问题,并让他们了解,他们并不一定是闯进创业之旅的天选之子。

在阿里巴巴时，我也有去一些高校演讲的经历。一次在一所名校做完关于阿里巴巴创业故事的演讲之后，在同学群中掀起了一些浪潮。也有很多同学提出有关创业的问题。记得最清楚的是，有一位同学很高调地说："我家里很有钱，我父母已经准备了一笔资金让我在毕业之后去创业。请问关先生，我应该去创什么业？"我直接告诉这位同学，要是你没有一个十分想为谁解决的问题的话，你最好不要去创业。当时课堂上哄堂大笑。

我认识的成功创业者有一些共通之处。有很多都是多次创业，在成功之前经历过失败，并可以通过吸取失败带给他们的教训醒悟，重新上路，最后在艰苦和漫长的创业过程中坚持不懈，并成功找到为巨大的目标客户群解决他们主要问题的"第一桶金"，以及后面的"很多桶金"。

讲到"很多桶金"，这也是一个比较重要的理念。就是说，创始人在漫长的创业过程中，要从第一个增长点一直不停地挖掘下一个增长点，以及一连串络绎不绝的增长点，来保证企业能够稳健长远地发展下去。

从阿里巴巴的案例看来，我们第一个增长点是 B2B 业务，用"中国供应商"这个产品，帮助出口型中小企老板联系国外买家，最终达成交易，并让阿里巴巴成功实现"赚一块钱"的目标。大大地改变了创业的地域环境。我们第二个增长点，也是 B2B 业务，用"诚信通"这个产品，帮助有效和可信任的国内买家/卖家，找到对方，并进行网上交易。紧接而来的第三个增长点就是淘宝网，当时是 C2C，帮助更广大的个人目标客户，在网上进行电子商务的活动。当淘宝网发展到足够强壮和目标客户的黏性足够大的时候，我们推出了 B2C 的天猫，基本上成功地把电子商务这一块业务做完整了。当然，中间为了保证可行和有效的支付，也创办了支付宝，并成功衍生出有规模的互联网金融蚂蚁金服集团。我们也没有停留在这一个阶段，而是继续推出更多的创新增长点，包括阿里软件、阿里妈妈、阿里云等等。可以看到，"让天下没有难做的生意"的初心，面对作为目标客户的商人们，是有非常庞大的并可以不停挖掘和发展的增长点的，如图 5-1 所示。

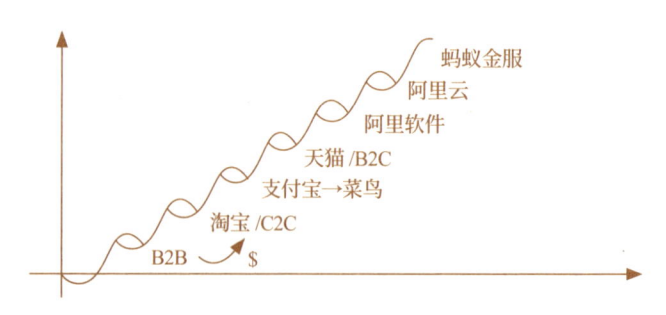

图 5-1 阿里巴巴持续发展的生态示意图

图中所示的是由一批 S 曲线连起来的增长点组成一个持续发展的生态环境。希望阿里在这方面，在未来有更多的增长点保持持续发展的势头。

也谈 S 曲线理论

说到这里,也稍微谈一下 S 曲线(第二曲线)的原理。

当年我在伦敦商学院的导师查尔斯·汉迪(Charles Handy)教授,当代管理大师,是 S 曲线理论的先驱,其提出的这一理论,指导组织、企业和个人如何在不断变化的环境中寻找持续增长和发展创新。就在我写作《关乎天下 3》之时,惊闻汉迪教授在伦敦家中离世的噩耗,教授终年 92 岁。

我记得当年汉迪教授给我们解释"S 曲线"的三个阶段:投入期、增长期和高峰期。如图 5-2。投入期就是 C 到 D,可以看到这是一个净投入期,而且是没有回报的。D 到 A 是高速增长期,是有回报的。A 到 B 是高峰到开始衰退期,在这一时期,增长开始变得缓慢并出现下降。这个 S 曲线基本上把很多从投入起步到加速再到成熟,达到高峰之后最终缓慢增长和下降的现象,非常简易地概括出来了。

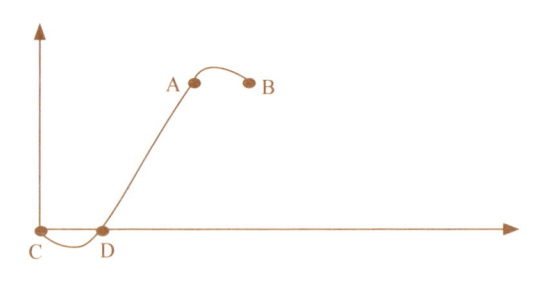

图 5-2　S 曲线之三阶段示意图

比如说,从个人发展的角度,我们都有一个比较长且深的投入期,从出生一直到上小学、上中学或大学,是一个净投入期,这一时期是没有太多回报的。但是,投身社会之后,就是我们的高速增长期,我们在自己选择的工作领域拼搏和发展,并有比较丰厚的回报。可是,每一个人到了以往投入可以支持的增长期,就会免不了到达高峰期继而增长开始变得缓慢并出现下降。要是不在恰当的时期进行投资和寻找另一个增长点,就恐怕无可避免地走向衰退期。

什么时候开始投入第二曲线也是一个重要的选择。最好的投入时机是在 A 点，就是增长还在继续，而且还未到高峰。要是时间拿捏得好，就会出现图 5-3 的情况。就是说，我们用于投入的支出刚好被仍在继续上升的增长曲线抵消，到 B 点的时候，重拾增长的轨道。

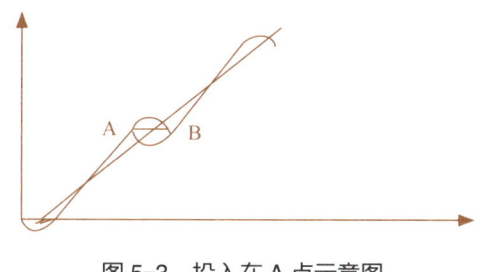

图 5-3　投入在 A 点示意图

要是时间没有拿捏好，在 B 点，就是增长已经过了高峰并开始缓慢下降的时候投入，那我们就会碰上从 B 点缓慢下降的下行压力，搞不好的话，就会变成图 5-4 的局面，也就是全面进入衰退期。

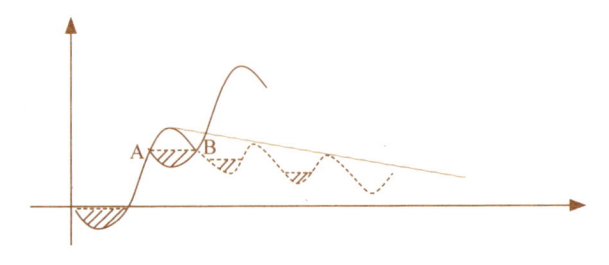

图 5-4 投入在 B 点示意图

当然,这些点也不是能很精准地拿捏到的。主要是要早一点布局,这样就有可能洞察先机,引领变化,延续增长。如图 5-1 所示。

以我个人的经验,我从在英国工厂做学徒开始,也碰到了一些增长点的机会,并歪打正着地通过不懈求学,把可以把握的学习机会都把握住,并成功地拿到无线电工程的硕士学位。下一个增长点,就是回到保送我去学习的工厂做了好几年无线电工程师,并从现场服务工程师,成功地转型为系统工程师。

后来,也因为问了"我是谁"这个重要的问题,才发现,我只是一个称职的工程师,但不会成为一个出色的工程师,因为我缺乏对工程的热情。最后才"投笔从戎",成功进入了伦敦商学院,并改行从商。

我从商的经历也碰到了好几个增长点,让我跟上了这几个 S 曲线,这大大地帮助了我在事业上的发展。这些增长点包括:从伦敦商学院毕业后进入了医疗设备数据化的高科技行业,并赶上了中国市场的高速发展以及所在企业参与这方面的投资和合资经营的机遇,最后当然是有幸参加了阿里巴巴创业的奋斗期,和各位战友并肩作战,为阿里巴巴的成功出了一份力。

从企业发展的角度,也基本上遵循同样的道理。也就是说,一旦你不能及时发现新的增长点,你的竞争对手就会替你去发现这些增长点,从而超越你,并吃掉你的奶酪。另一个有意思的发现就是,因为有这些新的曲线的出现,企业的创业团队就可以循环发挥作用。用阿里巴巴的案例来说,当初在 B2B 创业成功而使全公司达到收支平衡的团队,马上可以在 C2C 淘宝创业团队发挥作用。进一步,在淘宝创业成功的团队,也可以马上在支付宝、菜鸟和天猫的创业上大展拳脚。这是一个双赢的局面。就是说，当初的创业团队再加上新进来的同学，组成一个对创业有热情的年轻团队，这对一家企业来说，是梦寐以求的连续创业的大好机会。

对公司来讲，通过这些已经有经验的创业团队去推动第二曲线和其他曲线的创业，是比较靠谱的，也比较容易帮助公司建立一个强大的生态环境。因为这支队伍对公司的使命和文化价值观（游戏规则）都已经很熟悉，这就大大降低了第二曲线和其他曲线创业过程的风险。所以在阿里，你往往看到很多身经百战的同学，不只是当初的"十八罗汉"，还有很多其他早期参加的同学，都经历过这种连续创业的洗礼，在他们身上能看到不一样的风采。

可以看到国内的情况，虽然阿里巴巴和腾讯以及百度和抖音等，在开始的时候都在做不同的事，但是它们积累了足够的客户量之后，都有能力去超越自己最初的电子商务、游戏、社交、搜索和短视频等领域，同时去发展基于目标客户日常所需的业务机会，比如衣、食、住、行、健康、娱乐、金融等。如图5-5。

衣、食、住、行、健康、娱乐、金融

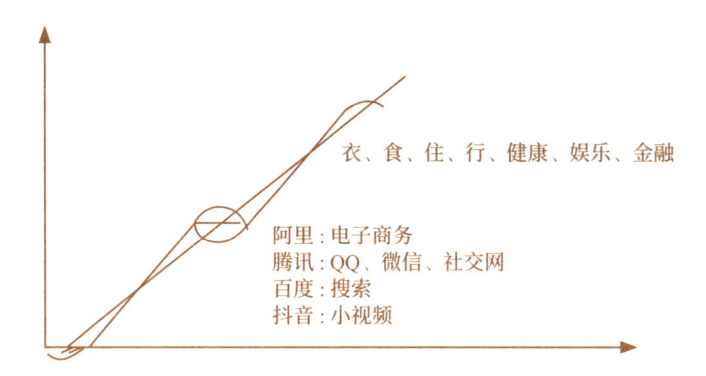

阿里：电子商务
腾讯：QQ、微信、社交网
百度：搜索
抖音：小视频

图 5-5　阿里、腾讯、百度、抖音的 S 曲线发展示意图

不同类型创业者的修炼

上面说了看待创业的态度，是"玩命"不是"玩票"，以及创业者可能面临的连续创业、不断开辟第二增长曲线的压力，这里再说从创业者到真正的老板的修炼。从创业者到一个真正的老板，是一个充满艰辛和惊喜的过程，可不是印一张名片，在社交网络上做一个宣发那么简单。

说它充满艰辛是因为，最开始创业，你可能更多地是想到自己会做一番大事、扬名立万、功成名就，也就是"关注自己"更多一点。但当你真的踏上这条路，你会发现你的世界会跟很多人联系在一起，包括你的员工、你的客户、你的合作伙伴、你的投资人，从认知到行动，对你的要求就不是复制"优秀勤劳的自己"，像孙猴子拔下一根毫毛吹口气就能分身那样简单。

说它充满惊喜，恰恰就是因为你会慢慢发生从"自己要做点什么"，到"我要为别人做点什么"的转变。这样的转念会让你的格局变得更大，让你在这个过程当中不断克服自己的弱点，不断深入思考如何持续为客户创造价值，不断发掘自己和他人的潜力，让更多的平凡人成就不凡事，这样的惊喜就不是"孙猴子 72 变"了，可能是进入一个更高维的思想世界了。

创业者最应该做的事情是，把策略弄清楚，同时让所有人都明白，从而跟着你拿到卓越的成果——也就是策略和领袖力的结合。

但是能够把这两点做好，还需要很多创业者个人成长上的修为，包括个性品质的修炼和思维方式的升级。下面我会通过一些例子，跟大家讲讲从创业者到老板身份转变过程中的一些典型现象和误区，希望能够让大家从中看到自己熟悉的场景，进而有所启发。

专家型创业者：做难而正确的事，而不是容易有成就感的事

所谓专家型创业者就是，在创立这个事业之前，他已是某个行业或者领域的高手。比如：他是一个优秀的程序员，创立了一家软件公司；他是一个优秀的产品专家，创立了一个网站平台；他是一个优秀的医生，创立了一个医疗服务机构；等等。这种类型的创业者是比较多见的。

专家型创业者的第一个误区：一个人的长处反而使他"一叶障目"

就像前文提到的那位年轻有为的服装设计师，他以独特的审美品位和对中国文化的深刻理解，创立了一个服装和艺术品牌。虽然他的创意获得了不少奖项，也得到了业内专家的高度赞誉，但是他创立的这个品牌却一直没有做大声量，也没有全面盈利。他在分析自己问题的时候，觉得自己对文化的透彻理解和独特创意，他的团队很难接得住，所以他觉得自己当务之急是找到一个既能理解他的创意，又能抓好品牌管理，还能抓好日常经营的一位干将。

因为这样的诉求，他和我做了一些前期沟通。在了解了他的情况以后，我发现他最大的问题其实是在策略的思维方式上，他这样好的情怀和优秀的技能本身是创业的优势，但他让这些优势变成了一种执念，仅仅执着于文化传播，而没有去想他作为一个老板和一个企业实体要为客户带来的价值，甚至连目标客户的定位也很模糊，就更不用说去研究目标客户如何获得这样的文化传承了。这种曲高和寡的局面，其实就是因为他最大的优势变成了他最大的"障碍"。

所以，他最需要考虑的就是如何从他的执念中，提炼出非常聚焦和有代表性的产品，而这些产品是可以引起目标客户购买的冲动和长期复购的可能性的，这样才能建立自己的品牌。不能以为"品牌"可以单纯用宣传和理念的推广打造出来。

专家型创业者的第二个误区：用自己的专业优势和勤奋，替代了策略性思考，同时也忽视了团队建设

我曾经辅导过一个创业者，他在认知心理学和元认知方面有很高的悟性和很强的行动力。他教的小孩，能从"学渣"变成"学霸"，他教带过的成年人则能很快掌握一项新技能。他也很善于让一个队伍快速总结规律，梳理流程，提质增效。他自己有一个理想，就是教会更多的人聪明地学习，用知识创造未来。由此他搭建了一个学习平台，一方面可以让更多的专业老师在平台上展示自己所长，供学习者挑选，另一方面也可以让学习者能更好地检索教学者和合用的知识。

不难发现，他是做平台生意的，要同时为双方创造价值，收入来自中介费用。在平台投入期，公司需要现金，同时，他自己又是一个优秀的教学专家，他并不缺客户，很多客户都会排着队请他。于是，他一边去运营和摸索平台模式，一边也去忙着亲自交付和执行项目，他的辛勤劳动，完全能养活这家创业公司，也很快实现了正向的盈利。但是，这个盈利并不来自它未来的方向——平台模式，他心里明白却停不下来，一方面是因为需要钱，另一方面是因为这样做确实有成就感。

每次我给他打电话的时候，他不是在机场，就是在高铁上，这种反复发生的"一日千里"的现象让我多次提醒他：你是谁？你到底想做什么？你如果想做个好老师，就去做老师，你如果想做 CEO，就去做 CEO 该做的事。

后来，他自己也和我反省：他是用自己的专业优势和勤奋，也就是战术上的勤奋，掩盖了策略思考上的懒惰。这样会导致他就算飞上天或者成为千手观音也做不大公司。

在这个过程当中，因为创业者过于优秀，他的团队跟不上，他自己也没有精力去做团队培养，如果他做一个小而美的作坊主，他已经很成功了。但作为一个平台生意模式的老板，他无疑是完全偏向了：他的合伙人和团队，一些没有他厉害的人在做他未来模式的探索；他作为最厉害的专家，没有把自己的优势变成队伍的优势（比如如何有高超的专业水平以甄别平台交易和交付的质量），只是忙于获取现金流。

后来在我的不断提醒下，他下定决心必须付出一些代价（比如忍受收入下降、客户抱怨）走回正确的方向，积极培训和带领队伍，最终公司也走回了健康正确的道路上，获得了长足的进步。

这样的情况经常出现在专家型创业者身上，因为人都是趋利避害的——你喜欢去做难又难有收益的事，还是去做容易还有成就感的事？当然是后者。但作为创业者，你更要思考什么是难而正确的事，什么是符合你初心（使命）的事。要去做难而正确的事，而且要努力地把个人优势变成组织优势。

专家型创业者的第三个误区：达成初步的胜利以后，头脑发热急于扩张和分钱，却没有分享未来，也没有用心投入第二曲线

我认识的一位创业者是著名的孕产专家，她创办的孕产中心给很多孕产期妇女提供了良好的帮助，被称为"女性生命关键时期的定海神针"。她的起步创业非常成功，只要做过她的客户，在她这儿生过孩子，或者接受过她的孕期辅导，大家都交口称赞甚至广为推荐。

于是她的企业从一家店发展到了豪华社区的4家店，甚至在招募店长和投资人的时候，在客户群里发了一通接龙消息，开了个简单的说明会，就启动了4家店的扩张。投资人觉得只要有"定海神针"在，就一定能赚到钱。但事与愿违，她的店在快速扩张的过程当中，遇到了很多管理上的问题，如新品类服务质量、员工培养和发展等。开在豪华社区的成本又居高不下，周遭一些同类的服务中心也开始参与竞争。但我们的"定海神针"却只有一枚，定了这家店，就定不了那家店。于是新店陷入亏损，投资人原本指望快速分钱，却没想到陷入了亏损，于是想尽办法半路撤退，面对投资人的集体撤退，这位孕产专家身心俱疲。

在这期间，她为了增加服务品类，送自己的员工去学习一些新技能，譬如孕期瑜伽等。投资了这些员工以后，她们也在企业里面获得了可观的个人收益。在企业的困难时期，曾经花心思培育的优秀人才理应成为企业的顶梁柱，就像马云的"十八罗汉"大部分都是他的学生，在企业的关口都成长为当时的业务骨干，可是这位专家费尽心思投资的业务骨干却纷纷离职。谈及离职的原因，她们觉得以前忙忙叨叨还有学习有成长，现在企业遇到了关口，自己前途渺茫，不如趁早离职去别处赚钱。

从投资人的撤资和员工的离开我们不难看出，大家更多是冲着"钱"去追随这位"定海神针"的。这位专家虽然初心善良，但实际上她并没有和自己的合伙人、员工分享创业的初心和梦想，而只是靠钱财和分利笼络大家，这样子是很容易让人陷入功利和短视的。马云带着"十八罗汉"挺过一次次的关口，后来也招揽了一些优秀人才，在一无所有的时候，他们有钱分吗？当然没有，他们分享的是什么？分享的就是他们的初心和未来。

关于此，就又回到创业者的初心，回到使命上去了——你要为谁解决什么大的问题。这部分在前面的企业文化篇也有详述。如果你能不忘初心，那么就算取得了一定的胜利，你也不会在功劳簿上躺平，因为你的志向还在远方，你还要在原有业务出现颓势前，布局第二曲线甚至更多的曲线，这样年轻人也有奔头，客户也会得到更深入、更持久的价值。

专家型创业者的第四个误区：有明显"专业长处"的同时，通常会在人际合作和个性上有某些"短板"，影响领袖力。

这个时代已经不再是孤胆英雄打天下的时代了，成功创业肯定需要一群人的合作。有些专家型创业者性格比较内向，或者内心比较自负，不善于合作，甚至不屑于合作，因此强势推动和治理，大搞一言堂，认为反正自己不善于沟通，干脆也不去沟通。于是他的水平就成了公司的天花板，所谓团队合作就是大家都顺从他的"旨意"，长手不长脑。这样创业在后续发展上就很难凝聚众人的力量，难免变成创业者一个人的事情。

还有一些专家型创业者，又是另一个极端，犹犹豫豫，没有原则，什么都在乎，什么都拿得起放不下，经常在人际关系中内耗。这也会导致组织效率低下、凝聚力不强，明明是一个大有前途的"业"，却因为管理者领袖力低下创不下去，最后散得乱七八糟。

我曾经辅导过一位互联网服务平台的创业者，公司发展到一定规模以后，面临一些政策性的局限，需要找到业务发展的第二曲线。这个时候，他的创业班底已经不少人在"享受生活"了，短时间内很难重新扛枪上战场，但这位创业者还要顾忌这些元老的功劳和面子：发展一项新业务，用谁不用谁，如何分配利益，对于这些，他总是瞻前顾后，害怕利益分配不均对不起兄弟们。老人不合用了，但是顾及情面也不换掉。其至有的元老违反公司价值观，他也选择网开一面，依然给他参与公司重要决策的权力。老板如此没有原则，其实既没有照顾到创业扛枪的兄弟感情，也没有发展好业务，还严重影响了团队的是非标准，企业内人际关系变得非常复杂，创始人自己的威信也大打折扣。

在这种情况下，他曾请教我与一个重要岗位高管的沟通问题，说已经为此殚精竭虑、夜不能寐。当时我就直接问他："为什么你不重新招一个人？"据说后来这位创业者经常和相熟的朋友提起这一次见面以及我的这一个问题，说当时犹如醍醐灌顶。我听说后不禁哑然失笑——其实，我的作用只是作为一个前辈验证了他内心的渴望。退一步讲，如果没有这次会面和提问呢？他还要纠结多久？

管理者个性原因导致领袖力差的案例不胜枚举。相信读者都会有五花八门的经历。其实，每个人都会有自己修炼和成长的方式，俗话说，人教人学不会，事教人一次就会。不管你可能会有什么样的性格缺陷，肯定有一个办法，能让你在经历中成长——那就是反躬自省。

孟子说：行有不得者，皆反求诸己。我在阿里的时候，我们每月把销售区域复盘叫作"扒皮会",我们问得最多的问题就是:是什么导致了这样?在所有这些因素当中,和你相关的是什么?你能做的是什么?而不是过度强调外在的环境,形势的不利和其他人配合得不好。

如果我们是销售,我们有没有了解好客户?我们有没有做好预测?如果我们是十夫长,我们有没有了解好我们的客户,就是我们管的销售?有没有恰当地做出对他们的预测的信心指数?这些信心指数都是基于过往我们对销售预测的实际分析,不应该含有任何情感和个人因素。如果我们是区域经理,那么我们有没有对我们的内部目标客户,即十夫长们了解彻底,进而对他们团队的预测有比较实在的信心指数呢?

所以,出发点都是一个:自己有什么地方可以去改进。

当你对自己有勇敢和真诚的"扒皮"和反省以后,你就可以更好地从一份经历中洞察自己的不足,同时,这也会激发你刻意的改变。

机会型创业者：不要迷失在短平快的"生意经"里

机会型创业者，通常都是那些比较会审时度势，也很有生意头脑的创业者。比如说他们发现了好的商机，无论是擅长销售还是抓住了一些政策或者技术革命的机会，都可以去创业。这样的创业者的第一桶金通常都来得比较容易。因为他们很有生意头脑，也因为抓住了一个机会做成功了才会去创业。

"机会"有时候是双刃剑，因为不停地抓机会，很有可能让创业变成投机：过于期待快速的收益和反馈，而对深耕客户诉求、坚定地渡过难关、执着地沿着为客户提供价值的道路走下去缺乏耐心。

这样的创业，无论是这个生意还是带领的团队，都有可能昙花一现，原本有机会进行的更新迭代也就没有下文了，还是很可惜的。

如果不停地投机，不停地离开，这本身就不是一种好的创业状态。时光荏苒，岁月蹉跎，虽然"生命在于折腾"，但是单纯地为了折腾而折腾，也是对社会资源的浪费。

还有一些创业者，创业的时候虽然把握住了好的机会，但是因为指望快速获利，所以可能在产品发展方向上，做出了并不明智的选择。有时候过于迷信"生意经"，反而容易迷失在现实利益中，忘记创业的初心。

就像当年阿里在完全聚焦服务出口型中小企的"中国供应商"服务前，也尝试了很多产品路子，有一些也有立等可得的回报，比如 E-solution，当年就有一个大集团愿意花好几百万元做一个微缩版的小阿里，以支持这个大集团内部的电子商务流通，还有前面讲到的类似于 GE Lighting 提出的供应商调查的服务，都有不错的收益。但阿里没有迷失在这些短平快的"生意经"里，而是不忘初心，牢记自己的因果，不是为了挣钱而挣钱——有钱是结果，但给生意人解决问题才是阿里的初心，由此阿里才可能拥有长期生意的源泉。

经验型创业者：放下履历和身段，敢于从低处开始

第三类创业者是当前比较少见的，但是随着国家大力提倡创新创业，这样的人也会越来越多，那就是有成功职场经验的创业者。

比如，现在有很多前阿里人或者前华为人，他们被民营企业家邀请加入创业团队作为创业者，或者直接获得了一些投资，自己当起了创业者。

他们在创业过程当中最大的误区就是，过往的成功经历让他们有充分的自信，也默认自己具备所有获取成功的能力。但实际上，脱离了原有平台以后，他们会发现很多事情都要从低处做起，很多事情也无法从过去的经历中借鉴经验，想循规蹈矩都找不到抓手。

这类创业者破局的关键就是放下身段，从低处做起，有从"泥腿子"开始走出事业之路的认识，然后投入勇气并真正行动。如果是加入创业团队，那就更要去融入创业的环境，而不是抱着自己的经验和履历高高在上。

我当年加入阿里巴巴的时候，虽然是作为职业经理人被邀请，但是在当年的阿里，其实我们几个"O"就是创业领导团队，尤其后来还有了FU2轮融资那100万美元的"拼盘"。我执意要去住一个"四面通风、八面玲珑"的招商宾馆小房间，最重要的是每个晚上的费用只要 120 元，以起标杆作用。果然全公司上下都明白了这一点，在需要出差的时候，都想尽办法找到低于 120 元一晚上的饭店。

我也参加销售团队在一线的行动，并跟当时的区域经理们，比如陆兆禧，去亲自教带那些当年还没有受过任何营销训练的一线小伙伴，挨家挨户拜访那些不懂网站却又要做外贸的老板去洞察他们的需求……如果我端着当年在 GE 销售医疗设备的架子，不愿意融入他们，可能我这一段创业之路也不会走出好的结果。

另类的创业者：天生的老板

也有一些非常另类的创业者，他们创业的初心明确，有远见，懂策略，又懂得领袖力和团队建设，但是，他们没有特别的专业长处，有些人甚至也没有太多的管理经验。这种类型的创业者，就非常轻松地避开了以上几类创业者的误区，因为他们就是天生的老板。

在我的经验中，我非常幸运地碰上了马云同学，他就是这种另类创业者中的表表者[①]。他总是能够在各种各样复杂的情况当中,一针见血地找到事情的关键,并很快拿出解决这些问题的策略性方法。他另外一个长处就是极具魅力且知人善任,同时吸引了我们几位"O"、蔡崇信、吴炯和我,死心塌地为他卖命,也可以说是为他的初心卖命。他当时很自豪地说,你们几位"O",都是带着钱过来为我打工的。这句话,并不是没有根据。我们几位当时都放弃了高薪高职的机会,自愿大幅减薪来参加阿里巴巴的创业奋斗。我记得头两年,我的差旅费和招商宾馆"四面通风、八面玲珑"房间的房费以及来往香港的飞机票,都是自行垫付的。当然,马云同学是非常懂人情的,在公司赚钱之后把这些钱都还给了我们。

另外一个小插曲就是,当我们 2002 年实现全面收支平衡之后,马云和"十八罗汉"还有我们几个"O",一起去杭州谭家菜餐厅吃饭庆祝。饭后,他提出了我们要进入 C2C 的领域,直接和当时初建成的易趣网竞争。而当时易趣网已经接受了 eBay(易贝)的全面收购提议,作价两亿八千万美元。大家一下就进入了非常激烈的讨论,因为这个是关于重要策略的讨论,会全面影响企业的发展方向。马云非常有耐心地说服了大家,无

[①] 即"佼佼者"。——编者注

论 B2B、C2C 还是 B2C，都是同一个沙盘，哪怕我们不做，也并不等于说，我们在 B2B 一方独大就可以保证长久无虞。

当大家都被马云说服了之后，有人提了一个重要问题：钱从哪儿来？虽然我们当时以 1000 万美元的销售额全面收支平衡，但是现金流也还是只有一点点，未必能支持 C2C 的创业，更罔论去跟已经成立并取得初步成功的易趣网竞争，何况他们已经是国际巨无霸 eBay 的成员了。

但马云同学当时就说了，我知道你们觉得我比较疯，可是有人比我更疯，让我去跟他说说。然后马云同学立刻拿出手机，打了通电话给软银的孙正义先生，并且非常简短地说：我们已经决定进入 C2C 领域，这个电话不是征求你的同意，而是告诉你我们的决定。然后就挂断了。我们一时都震惊了：居然可以用这种方法去跟财神爷要钱？真是匪夷所思！然而马云同学当时就非常有信心地告诉大家：我敢打赌，在 5 分钟之内他会给我回电话。真的是如他所说，不到 5 分钟，孙先生的电话打到马云手机上，也是直接说："你们要多少钱？我决定参与。"并要求拿新创事业 40% 的股份。所以，淘宝还未诞生，就已经拿到软银的重大投资。

讲到这儿，就引出了一个无论哪类创业者都可能会遇到的误区：在生意发展的过程中，对于投资和拿钱没有清醒的认识。

拿钱和碰到什么样的投资人，有时候感觉像撞大运。作为创业者，你没有经验也没有辨别力的话，很容易走弯路，甚至会一蹶不振。因为资本市场也需要获得回报，投资者也有他的期望和企图。

作为创业者，你是坚持自己的初心持续为客户创造价值，积极和投资者沟通，还是被资本市场裹挟，这取决于你对融资和投资人的理解。

当年，阿里巴巴在融资方面的一个最重要的决策，就是找到蔡崇信，成功邀请了他加入创始团队并担任首席财务官。因为网络带起的潮流，当年也有大大小小的资金对阿里巴巴这种公司非常有投资兴趣。但是因为有蔡崇信的加入，并借助他在投资领域的经验和声誉，成功引进了高盛，用它自己的专用资金领投了我们 A 轮的 500 万美元（净投入为 350 万美元），就吸引了其他世界一流的风险投资资金，包括富达（Fidelity China）等，这让我们的层次一下子提高了不少。当然，没多久，我们又成功地吸引了软银孙正义先生的 B 轮投资 2000 万美元，进一步充盈了我们的现金钱包，这对我们将来的发展有很重要的影响。

上面我们给大家分析了不同类型的创业者在企业发展和个人成长过程中的一些误区，希望给大家一些参考。总而言之，从创业者到老板不是一个 72 变的过程，它是一个走向更大格局的过程。创业的成功，会让我们拥有更多的选择，更多的自由。而要有自由，首先要自律，要实现自我蜕变。

古代帝王打天下，讲究道、谋、断、人、阵、法。

从创业角度来说，道是企业文化，老板要分享和贯彻梦想；谋和断是企业的经营策略，就是如何"赢"；人、阵、法是培训和发展，排兵布阵，奖惩激励。

从创业者个人修炼来说，其实也是一样的道理：道就是不忘初心；谋和断是懂策略，能决断，了解自己的优势，聚焦如何能"赢"；人、阵、法意味着坦诚的沟通、正直的品格，意味着对他人的尊重、强强联手的合作，意味着不断反躬自省，言出必行，行出必践。

实际上，创业的经历有点像从"起义"到"正规军"的过程。也就是说，创业者在每个阶段，必须完满地拿出这个阶段必需的技巧，并成功地从一个阶段到另一个阶段。如图5-6。比如说，"起义"阶段就是我们上面讲的探索期，"血肉长城"阶段就是我们上面讲的验证经济模式和蹚通商业模式的阶段，"正规军"阶段就是我们上面讲的要建系统和大量规模化的阶段。而每一个阶段对策略和领袖力的要求都不大相同。所以简单来说，这对各位创业者提出了非常高的要求。而且创业的过程充满各种不确定性，这些阶段所需的人才、资金和机遇在很大程度上都是可遇不可求的。所以创业者成功率非常之低，也就是说这实际上是一个"玩命"而不是"玩票"的事。

| 起义 | 血肉长城 | 正规军 |

图 5-6　创业三阶段示意图

希望以上这些列举、分析和建议，能为各位创业者节省一些心力。

传承 vs 继承

对创业成功者来讲，创业的成功往往带来一笔做梦也想不到的财富。财富的获得这件事，也是讲究因果的。也就是说，要是你的目的只是获得财富，那么你的成功机会往往是有限的。因为你的因跟果不对称。所谓因果对称就是说，你因为谁的大问题提出了一个或多个有效而持久的解决方案，给你的目标客户创造了巨大的价值，由此，你所创办的企业才会持续发展，并给所有有关的人带来财富。

这个观点在阿里巴巴的发展案例上基本能体现出来。记得在我们奋斗之初，全公司上下关心的是如何让天下没有难做的生意，如何更了解我们的目标客户，而为他们持续提供有效的解决方案。从来没有任何一位同学只是考虑我们这样子做将来会赚到多少钱。而且从我们几个"O"开始，很多同学都拿着低于市场标准的工资，1999年马云创办阿里巴巴的时候，让每位同学每个月只拿500元的工资，肯定起了领头的作用。

不仅拿的工资少，大家也都没有把个人的要求凌驾于公司的发展要求之上，也就是说，要是哪个区域急需一位区域经理，被挑选到的同学就义无反顾地马上收拾行李，搬到新的区域上任履新。这种把个人利益和需求排在公司需求之后的精神和行为，大大地提升了阿里巴巴当年的发展速度，使阿里巴巴占据发展策略上的先机。

在阿里奋斗初期，天天和这种义无反顾的同学打交道，实在是一个难能可贵的经历。我记得当年跟各位同学有一个讨论，就是假设我们有一天成功并获得财富，我们会做些什么。也就是跟大家探讨一下，理论上财富会给我们带来什么。当然，当时离阿里巴巴成功和给大家带来财富的日子还是相当远的，但是我一到公司，马云同学就把烫手山芋抛了给我，他说：我们要让我们所有的同学，无论级别高低，只要是转正的，都可以跟公司的前途绑在一起，最好的办法就是每个同学都有股票期权。

这听起来简单，实际上是非常不容易做到的。后来我跟彭蕾、蔡崇信一起，编了一个算式，基于转正同学的年薪，再乘以一个系数，给每位同学计算出可以拿到的股票期权数。而跟投资人要这些期权的艰巨任务，就让蔡崇信同学去搞定。虽说非常不容易，但要是我们最终创业成功，好多同学就会拿到一笔可观的财富。所以讨论拿到财富后做什么，也是让同学们提前做做思想准备。

还记得当时，我们讨论的重点不是拿到财富后如何去花钱，而是财富会给我们带来什么。最后的结论就是，财富带来选择的自由。我当时还为大家做分析，讲什么是选择的自由，并提供了一个基于当年数据的例子：当时，杭州一套100平方米的房子的价格大概是3万元人民币一平方米，也就是300万元人民币就可以搞定一个长期栖身之所，住得舒舒服服。要是再花300万元人民币，在隔壁多买一套100平方米的房子去出租，每月的租金会有两三千元，理论上有了这个收入，就不再需要为钱打工。因为已经有一个很好的栖身之所，同时可以拿到每个月的生活费，当然，选择的自由也可以说是有了这个之后，更珍惜在公司的工作，因为这份工作可以使我们的兴趣和能力得到发挥，就像阿里巴巴"享受工作，认真生活"的理念所说。

后来，阿里巴巴上市之后，不少同学身价升至百万美元，大家都很兴奋，但也没有出现一窝蜂离职的现象，这也是很让人庆幸的。

分享一个小插曲。我们淘宝创业团队的一位同学，后来创立了阿里巴巴前橙会（从阿里巴巴毕业的同学，很多去创了业）。每年都让我去跟前橙会同学们讲讲话，打打气。有一天，他给我打电话，我以为应该是让我去参加前橙会的分享吧，但是他很严肃地告诉我，大事不好，他10岁的独生子，忽然之间跟他和他太太说："爸爸妈妈，我知道你们很有钱，你们死了之后会留下多少钱给我？"我听了之后也大吃一惊，我说："你和你太太肯定没有把拿到财富的艰辛过程讲给孩子，没有给孩子灌输正确的财富传承理念。"他表示同意。

传承和继承实际上是两件截然不同的事。

继承是说，创业创造财富那一代不太花钱，而把钱传给下一代。但是因为第二代没有经历第一代创业创造财富的艰辛和奋斗过程，并不了解创业创造过程中蕴含的精神和理念以及财富的意义，所以，他们花钱可能远比保存这个财富来得轻松，这也就是往往富不过三代的原因，"富不过三代"这种说法是颇有根据的。

传承是说，这笔财富到你手，是为了保证你和你下一代拥有选择的自由，而你不过是需要保护这笔财富，好让它能继续安然无恙地传承到你的下一代或是更远。这个说起来简单，但是如果这个家庭没有自己的初心（使命），是很难办到的。对于创造了财富的第一代创业者来说，其中一个重要的使命，就是保证财富的传承，并且避免"富不过三代"的继承模式。也就是说，你必须把自己家庭的初心和创业的经历，非常有序地让你的后代去了解和学习，学习其中抓住机遇、勤于奋斗并走向成功的要诀，好让财富传承延续到子孙后代，也让他们有选择的自由。

始终牢记企业家的社会责任

很多时候,创业者创业成功之后,会很容易忘记我们的社会对我们创业成功的助益。实际上,没有社会的稳步发展所带来的安稳的经济环境,创业就会失去成功的基础。所以两者是相辅相成的。中国有句老话:取之于社会,用之于社会。也就是说,创业者能够取之于社会,就不要忘记用之于社会的责任。当然,有天灾人祸的时候出力是责无旁贷,但并不等于说,成功的创业企业就不能主动去帮助解决社会上的问题,比如通过公益慈善项目去帮助偏远地区创造电子商务的基础条件,帮助当地人借助网络融入全国市场环境,等等。

另一方面，创业成功的企业，特别是经营得上规模的行业翘楚，在培养年轻人发展方面是非常有优势的。做一份事业，不仅仅是为发展生意，发展人也是必须的，而且发展人可能才是终极目的。我们说"山高人为峰"，企业家有责任把这一路过来的经营智慧和人生智慧传承给年青一代。

我认识的一位白手起家、年入几百亿元的老板说，他未来20年的理想，就是希望公司成为年轻人发展事业的一个平台。所以，他选择把公司交给年轻人经营，自己除了打打高尔夫，就是参加各种创新立项的评审会和结项的庆功会。还有一件事情他是一定会亲自参与的，就是各级干部的培训会。他会从中观察或引导年轻的干部们，给他们足够的事业发展机会。

有时候，迫于企业生存的需求，很多培养和发展人的工作往往排不到优先级，从而影响了年青一代的发展。希望成功企业在这方面能多平衡各方面的需求，不是只看眼前的经济效益，要放长眼光，去做一些培育人的工作，同时注重潜力人才的领袖力磨炼，建设过硬的人才梯队。

说到社会责任，避不开当下的人工智能热潮。依我的观点，在人工智能时代，企业家的社会责任这个话题，变得更加重要，在此分享我的一点思考。

和我在20多年前作为一个老经济人投入当时如火如荼的.com经济一样，现在的创业者和企业家也面临一个崭新的时代：人工智能时代。人工智能可能比我们当年面对的新经济对世界的影响更大，更跃进。

国外有专家学者认为，有些高科技巨无霸公司的倾向是不断优化他们的事业，让公司利益最大化，但是，这个行为并不会使社会利益和责任最大化。比如说：优化的结果是尽量利用人工智能去降低成本，那就造成很多员工在各行各业中失业。那这个社会责任，谁买单？

所幸，我们国家现在对于人工智能的产业发展除了给予鼓励政策，也针对提高就业率、提升劳动力素质等问题，不断推动企业家关注。

作为企业家，无论在什么时代，最大的社会责任都是不忘初心地经营好企业，始终如一地践行我们的使命：为客户解决什么大的问题。

很多成功企业在创业之初都是因为为客户解决了一个大的问题而获得了成功，财富收益是顺理成章的"果"。这个"果"也会带来更好的资源，推动我们不断向前发展，不断满足客户新的需求、解决新的问题，不断回馈客户，给社会、我们的员工和创业者自己带来好的"果"。这本身就是一个客户利益、员工利益、股东利益、创始人利益的完美动态平衡。就算有了划时代的人工智能变革和技术创新，节约出来的效能也可以用来推动我们不断升级员工的能力，挖掘客户的其他潜在需求。

可是坚持初心是困难的，很多创业者总会不小心被丰厚的财富迷住了眼睛，更多关注"如何用新技术赚得盆满钵满"，而不是"为客户解决什么问题"。这样的创业者，很快会陷入内外交困的境地。对外，他们会失去市场，因为只做专注现在的生意，甚至只专注很成熟、很好赚钱的生意，导致忽视客户的新痛点和新需求，其他竞争者顺势崛起。对内，他们会失去发展员工的动力,因为员工只是他们赚钱的工具,如果有了更不知疲倦、更好用的智能工具,为什么还要费那么多力气给员工赋能呢?于是,内部有生力量变得陈旧和落伍,市场被竞争者或后来者蚕食,势必会造成企业多输的局面。没有了"为他人"的"因",又哪会有"自己顺势收获"的"果"呢?

所以,企业家不要只顾着为人工智能时代的"降本增效"欢呼,反而更要注重"以人为本",更充分地挖掘人的潜力,培训和发展"人之所以为人"的美好才智,去更用心地洞察客户的需求,这样才能真正为人类社会的健康发展担责尽力。

小结

最后这部分个人修养篇,主要是和大家分享,创业虽然可能只是你人生道路上的一段路程,但它一定是你最重要的人生修为之路。

所以,态度上,首先要足够认真并有敬畏之心:这不是"玩票",不是仅仅烧烧钱,体会一把商业游戏的"玩票"之旅,是需要投入生命智慧和心血的一段历程。 然后,这也是一段不断自我突破的历程,去寻找人生的第二曲线。第二曲线不仅仅是生意上的不断成长和拓宽,也是一个人"聚焦—投入—提前布局—再上台阶"循环往复的过程。关于这个过程，我给大家列举了一些创业者的真实故事，希望大家能从中做一些自我对照。

最后记得，事业成功，不仅仅是我们个人的成功，是这个时代和社会给我们提供了机遇，企业家要为后代想，为社会想，都不要忘记发展生意、发展人，要传承智慧，担当责任。

结语：领袖是寂寞的

跟大家分享一个过来人的经验：领袖是寂寞的。

记得当时我跟马云同学也说过这句话，他的反应是：我哪里寂寞？我跟我的创业团队非常之亲密无间，天天见面并常常一起下棋、玩游戏等等，我不觉得我这个跟他们亲密无间的模式会让我感到寂寞。

但是归根结底，领袖是寂寞的。因为你是领袖，有好多事，你不能也不应该跟你的团队分享。比如说，在你搞清楚企业何去何从之前，你要是跟大家开个会，告诉大家自己不清楚何去何从，希望大家出点意见，你会把团队对你的信心大大地打击下去。要是老板都不知道企业该何去何从，那他们在这里还有希望吗？所以，有些事，特别是在发展策略和团队管理的重大决策上，你必须自己负全责。所以，领袖是寂寞的。

我在阿里退出一线之后，和我的合伙人创建了一家顾问公司，目标客户就是中国的初创企业创办者。在辅导过无数的创业者，以及做过不少创业企业 CEO 的教练后，得来的经验也验证了"领袖是寂寞的"这一句话的真谛。在此希望可以跟各位创业者共勉。

最后，致谢本书中引用案例的当事人，可以说这本书来源于你们的真实经历和真情实感。虽然领袖是寂寞的，但好在大家可以彼此交流，互相诊断，创业之路并不孤单。